Haumann

Geschichte und Gesellschaftssystem der Sowjetunion

pocket wissenschaft

Herausgeber:

Ökonomie

Klaus-Dirk Henke

Alfred Kieser

Pädagogik

Wolfgang Keim

Paul Röhrig

Psychologie

Heiko Deters

Klaus R. Scherer

Soziologie/Politologie

Dieter Boris

Reinhard Kühnl

Heiko Haumann

Geschichte und Gesellschaftssystem der Sowjetunion

Eine Einführung

Kiepenheuer & Witsch

Herausgeber des vorliegenden Bandes:
Dieter Boris, Marburg
Reinhard Kühnl, Marburg

Redaktion:
Erika Stegmann

ISBN 3 462 01204 5

Satz: J. P. Bachem KG, Köln
Druck und Einband: Clausen & Bosse, Leck
Printed in Germany 1977

Inhalt

Vorwort

»Mit der Großen Sozialistischen Oktoberrevolution begann eine neue Ära in der Geschichte der Menschheit: die Ära des Zusammenbruchs des Kapitalismus und die Verwirklichung des Kommunismus«. Dieser Satz leitet das Programm der Kommunistischen Partei der Sowjetunion (KPdSU) von 1961 ein. 1917 glaubten die russischen Revolutionäre, dieser Zusammenbruch stehe unmittelbar bevor. Doch die Hoffnung, mit der Zerschlagung des schwächsten Gliedes in der Kette des Kapitalismus werde die alte Welt zerfallen und eine neue entstehen, erfüllte sich nicht. Zwar haben nach dem Zweiten Weltkrieg weitere Länder den Weg zum Aufbau des Sozialismus beschritten, aber das kapitalistische Weltsystem – obwohl immer wieder von Krisen geschüttelt – steht nach wie vor nicht vor seinem Untergang. Sozialistische und kapitalistische Länder pflegen vielfältige politische, wirtschaftliche, wissenschaftliche und kulturelle Beziehungen. Das bedeutet allerdings nicht, daß sich die beiden Systeme nicht mehr als Gegensätze verstünden. Nach sowjetischer Auffassung schließt die „friedliche Koexistenz" den ideologischen Kampf nicht aus. Und in der Bundesrepublik Deutschland gilt beispielsweise noch der Beschluß der Kultusministerkonferenz vom 5. 7. 1962 über die Behandlung des Totalitarismus im Unterricht. Darin heißt es: »Im Unterricht über den Bolschewismus ist dem Schüler der weltweite Anspruch und die damit verbundene Gefahr für die Menschheit zu zeigen«. Die meisten Schulbücher entsprechen dieser Forderung. Kommunisten und Sozialisten werden im eigenen Land trotz der normalisierten außenpolitischen Beziehungen zu den sozialistischen Ländern bekämpft und in ihrer Berufswahl eingeschränkt. Sozialismus und Kommunismus werden auch heute noch von vielen nicht nur als Herausforderung des Kapitalismus, sondern auch als Bedrohung der Freiheit des einzelnen empfunden.

Die Union der Sozialistischen Sowjetrepubliken (UdSSR) wird als Ausgangspunkt und lenkendes Zentrum dieser Gefährdung angesehen: als das erste Land mit einer sozialistischen Revolution, als das Land mit einer Wirtschaftskraft, die nur von den USA übertroffen wird – wobei sich der Abstand ständig verringert –, als das Land, das militärisch mit den USA gleichrangig ist. Gleichzeitig sprechen einige Sozialisten und auch sozialistische Staaten, insbesondere die Volksrepublik China, der UdSSR den sozialistischen Charakter ab.

Wie ist denn nun die sowjetische Gesellschaftsordnung zu beurteilen? Stellt sie tatsächlich – gemäß ihrem Anspruch – eine Alternative zum kapitalistischen System dar? Wie hat sie sich historisch entwickelt? Welche Schwierigkeiten und Probleme haben sich dabei ergeben? Mit diesem Buch sollen einige einführende Hinweise zur Beantwortung jener Fragen gegeben, nicht aber der eigenen Urteilsbildung vorgegriffen werden. Der Leser soll angeregt werden, sich weiter und intensiver mit der Sowjetunion, ihrer Geschichte und ihrer heutigen Gesellschaft, zu beschäftigen. Deshalb werden grundlegende Informationen geliefert, auf denen erst ein Urteil aufbauen kann: Ein knapper Überblick über die Geschichte zeigt die Ausgangsbedingungen der Sowjetmacht und den Verlauf der Entwicklung; er konzentriert sich auf die wesentlichen Umbruchstellen und Strukturmerkmale. Wert gelegt wird auf eine Darstellung der Alternativen und Kontroversen – zeitgenössischen Kontroversen und solchen in der wissenschaftlichen Forschung. Dieses Prinzip soll auch bei der Darstellung der Wirtschaftsverfassung und der politischen Struktur durchgehalten werden: Welche Punkte sind besonders umstritten? Worüber wird am heftigsten diskutiert? Wo werden die meisten Probleme gesehen? Dementsprechend stehen im Kapitel über die Stellung der UdSSR im internationalen System nicht Einzelheiten der Außenpolitik im Vordergrund, sondern Fragen, die den Einfluß der internationalen Lage auf die sowjetische Gesellschaftsordnung und zugleich die inneren Faktoren sowjetischer Außenpolitik berühren. Abschließend werden dann verschiedene Deutungsversuche des Gesellschaftssystems im Zusammenhang vorgestellt und einige Ansatzpunkte zu ihrer kritischen Betrachtung angeführt.

Nicht alle gesellschaftlichen Sektoren werden behandelt. Kultur, Wissenschaft, Gesundheitswesen, Wohnungsbau, Sozialvorsorge und ähnliche Bereiche werden höchstens gestreift. Die Einführung beschränkt sich auf die Kernpunkte der sowjetischen Gesellschaft: Planung, Betriebsstruktur, Arbeitsverfassung, gesellschaftliche Organisationen, Kommunistische Partei, Sowjetsystem. Sie sind ihrem Anspruch nach das eigentlich »Andere« im Verhältnis zum Kapitalismus, auf dem alles übrige aufbaut. Dieser Anspruch wird ernst genommen und nicht von vornherein in Frage gestellt. Maßstab ist dabei die Schaffung einer Gesellschaftsordnung als einer »Assoziation, worin die freie Entwicklung eines jeden die Bedingung für die freie Entwicklung aller ist« (Marx/Engels), in der die Menschen die Produktion vorweg planen und mit Bewußtheit ihre Geschichte selbst machen. Auch deshalb kommt der Untersuchung der Wirtschaftsverfassung und insbesondere der Teilnahme der Menschen an der Planung, an wirtschaftlichen und politischen Entscheidungen eine ausschlaggebende Bedeutung zu. Das sowjetische Gesellschaftssystem ist historisch bedingt, das muß bei seiner Beurteilung berücksichtigt werden. Entscheidend ist die Tendenz: Welche Maßnahmen werden ergriffen, um den Anspruch des Kommunismus einzulösen? Richtet sich die Perspektive auf mehr Beteiligung aller an Entscheidung, Planung und Leitung, auf mehr Selbstverwaltung, auf den Abbau von Hierarchien und materiellen Ungleichheiten?

Die Darstellung läßt bewußt manche Fragen offen und verzichtet darauf, in jedem Fall fertige Ergebnisse anzubieten – in der Hoffnung, daß dadurch bei den Lesern weniger Verwirrung als vielmehr fruchtbare Verunsicherung, ein Anreiz zur eigenen Nachforschung entsteht. Sie soll durch einige Hilfen erleichtert werden: Im Text wird in Klammern auf unmittelbare *Belege* oder *weiterführende Literatur* verwiesen. Dabei handelt es sich natürlich lediglich um eine subjektive Auswahl der wichtigsten Aufsätze und Bücher. Eine auch nur annähernde Vollständigkeit bei der ungeheuren Fülle von Literatur zur sowjetischen Geschichte und Gesellschaft würde den Leser, der seine Beschäftigung mit diesem Gegenstand erst beginnt, verwirren. Die

Auswahl richtete sich nach folgenden Kriterien: Sie sollte den augenblicklichen Forschungsstand repräsentieren, verschiedene wissenschaftliche Ansätze zu Wort kommen lassen, Taschenbücher angeben, die den Grundstock zu einer eigenen kleinen Bibliothek bilden könnten, den Schwerpunkt auf Literatur in westlichen Sprachen (einschließlich aus dem Russischen übersetzte Bücher) legen, weil die meisten Leser wahrscheinlich nicht die russische Sprache beherrschen; zugleich sind aber auch grundlegende sowjetische Arbeiten, die nur auf russisch vorliegen, aufgeführt. In den meisten Büchern finden sich ausführliche Literaturverzeichnisse, die die Erschließung weiterer Detailstudien ermöglichen.

Alle zitierten Werke werden zunächst mit einer Kurzbezeichnung genannt: mit dem Namen des Autors – möglicherweise zusätzlich mit dem Erscheinungsdatum des Buches versehen, falls mehrere Schriften eines Verfassers zitiert werden – oder mit dem Anfang des Titels. Das zusammenfassende *Literaturverzeichnis* ist alphabetisch geordnet, so daß der Leser die volle Angabe einer Arbeit leicht aufschlüsseln kann. Außerdem sind dort zusätzliche *Hilfsmittel* besonders kenntlich gemacht.

Bei der Wiedergabe russischer Namen und Begriffe wird im Text eine Anpassung an das gewohnte Schriftbild versucht. Im Literaturverzeichnis – und entsprechend bei den Zitaten im Text – werden Arbeiten in russischer Sprache jedoch in der wissenschaftlich üblichen Umschrift angeführt, um ihre Auffindbarkeit in Bibliothekskatalogen zu erleichtern.

Eine Einführung ist etwas anderes als die Wiedergabe eigener Forschung oder die Entwicklung einer eigenen Theorie. Nicht mein methodischer Ansatz oder meine Meinung stehen im Mittelpunkt. Beides kann aber natürlich auch nicht vermieden werden: bei der Gliederung, bei der Auswahl der Themen und Literatur, bei den kritischen Bemerkungen spielen sie sicher eine Rolle. Ich habe mich jedoch um eine Darstellung bemüht, die dem Leser nicht von vornherein den Blick für andere Gesichtspunkte, als sie mir wesentlich erscheinen, verstellen soll. Ich möchte mit dieser Einführung Informationen vermitteln, Interesse wecken, Diskussionen anregen und die Urteilsbildung fördern. Sie soll ein Buch sein, das bewußtes politisches Handeln ermöglicht, ein Buch, mit dem man arbeiten kann.

Ich danke allen, die das Zustandekommen dieser Arbeit gefördert haben.

Heiko Haumann

I. Die sozialökonomischen Besonderheiten Rußlands und die Ursachen der Oktoberrevolution

Daß das vorrevolutionäre Rußland »rückständig« war, ist ein Allgemeinplatz. Der des Lesens und Schreibens unkundige Bauer, der innerhalb der Großfamilie in seiner armen Hütte haust, mit dem hölzernen Hakenpflug seinen Acker bestellt, gottesfürchtig und zarentreu ist, vom Gutsbesitzer mißhandelt wird (was manchmal zu spontanen, blutigen Aufständen führt); der nichtstuende adlige Gutsbesitzer, der beim Glücksspiel seine Bauern als Gewinn einsetzt; der korrupte, bürokratische Beamte, der die Bevölkerung schikaniert; der allmächtige, aber bornierte Zar, der von einer Intrigen spinnenden Hofkamarilla umgeben ist – all das sind gängige, längst zu Klischees erstarrte Vorstellungen über Rußland. Dahinter steht häufig ein Gefühl der Überlegenheit des ökonomisch wie politisch »fortschrittlicheren« Westens. Aber stimmt das so einfach?

Natürlich gibt es genügend statistische Daten, die ein Zurückbleiben Rußlands hinter den westlichen Industriestaaten anzeigen; ein paar seien für 1913 im Vergleich mit dem damaligen Deutschen Reich herausgegriffen (Nötzold, S. 20, 108, 198; M. Miller, S. 215, 256; Flora, S. 117, 167–172; Kulturpolitik, S. 8; UdSSR in Zahlen, S. 7). Dabei muß berücksichtigt werden, daß sie wegen der unzulänglichen Berechnungsgrundlagen lediglich Trends anzeigen können.

	Rußland	Deutsches Reich
Stadtbevölkerung	18 %	ca. 35 %
Analphabeten	ca. 65 %	1–5 % (1910)
Nationaleinkommen pro Kopf der Bevölkerung (in Rubel)	102,2	292
Pro-Kopf-Verbrauch von Steinkohle (1910)	197 kg	3364 kg

Pro-Kopf-Verbrauch von Roheisen (1910)	18,5 kg	219,4 kg
Eisenbahnstrecke auf 10000 Einwohner	5 km	10 km

Allerdings ergibt sich in anderen Bereichen empirisch ein Vorauseilen Rußlands. Die technische Ausstattung der russischen Großindustrie war moderner als in Deutschland und Frankreich, der industrielle Konzentrationsgrad der höchste der Welt: Wenige Riesenbetriebe beschäftigten einen Großteil der Arbeiter und erwirtschafteten den überwiegenden Teil des gesamten Produktionswertes (Ljaščenko, S. 284–287; vgl. McKay).

Das läßt vermuten: die russische Entwicklung hinkt nicht einfach hinter der westeuropäischen her, sondern verläuft eigenständig und zumindest teilweise andersartig. Ein kurzer Blick in die Geschichte Rußlands bestätigt diese Vermutung. Das Mittelalter war viel weniger als in Westeuropa von der Grundherrschaft und vor allem vom Lehenswesen bestimmt. Entsprechend länger blieb eine freie, weitgehend unabhängige Bauernschaft erhalten. Der russische Feudalismus ist typologisch vom westeuropäischen unterschieden (Goehrke 1974). Ebenso verschieden verlief die Entwicklung des Städtewesens: Ursprünglich im größeren Umfang als im Westen ausgebildet, ging seine Bedeutung seit dem 12. Jahrhundert vergleichsweise zurück. Weder vermochten sich die Städte – von wenigen Ausnahmen abgesehen – von ihren Herren freizumachen, noch gab es ein Zunftwesen der Handwerker. Anders war die Entstehung des zentralen Herrschers, anders war sein Verhältnis zur Kirche. Bedacht werden müssen die ungünstigen geographischen Bedingungen (Goehrke 1970), byzantinische und islamische Einflüsse, die Mongolenherrschaft von der Mitte des 13. bis zum 15. Jahrhundert. Diese Andeutungen mögen genügen, um auf die Problematik des Vergleichs zwischen Rußland und Westeuropa hinzuweisen (ausführlicher: Handbuch).

Im 17. und 18. Jahrhundert schienen sich beide Entwicklungslinien zu berühren (Genesis; Fuhrmann). Merkantilistische Wirtschaftspolitik, Umwandlung der Grundherrschaft in Gutsherrschaft (dieser Prozeß setzte schon früher ein) und absolutistische Regierungsform in Rußland ähnelten den Verhältnissen im Westen. In einigen Wirtschaftsbereichen – vor allem in der Produktion von Roheisen – überflügelte Rußland die anderen Länder. Doch historisch bedingte Unterschiede blieben bestehen. Zwangsarbeit herrschte vor. Da Arbeitskräfte für die neuen Manufakturen fehlten, wurden vielfach Leibeigene eingesetzt (die Leibeigenschaft nahm auch auf dem Land Formen an, wie sie im Westen kaum bekannt waren). Der Staat beanspruchte die führende organisierende Rolle im Wirtschaftsleben, er trat selbst als bedeutender Unternehmer auf. Ein einheimisches privates Unternehmertum bildete sich nur zögernd heraus; zunächst wurden noch viele Ausländer herangezogen. Eine russische Besonderheit war zudem der leibeigene Unternehmer: Bauern, die ihrem Herrn statt Fronarbeit Zins leisten mußten, waren – da ortsungebunden – häufig als Händler oder Lohnarbeiter tätig, und manchem gelang der Aufstieg zum Unternehmer (Kulischer).

Während der ersten Hälfte des 19. Jahrhunderts stagnierte die russische Industrie. Die Regierung verharrte in Passivität: Weder löste sie das Leibeigenenproblem, noch förderte sie die besonders getroffene Metallindustrie auf andere Weise (Blackwell). Erst der Schock der Niederlage im Krim-Krieg (1856) schuf die Voraussetzungen für die Agrarreform von 1861, durch die die Leibeigenschaft formal abgeschafft wurde (Scheibert 1973). Eine Reform, die die Industrialisierung begünstigt hätte, war dies jedoch nicht: Die Bauern blieben an ihre Dorfgemeinde (obschtschina bzw. mir) gebunden; dadurch hielt sich der Zufluß von Arbeitskräften in die Industrie in engen Grenzen. Zu hohe Belastungen im Gefolge der »Bauernbefreiung« (z.B. Ablösungszahlungen für das erhaltene Land, indirekte Steuern auf Verbrauchsgüter) hemmten die Stärkung der bäuerlichen Kaufkraft und damit die Ausweitung des Binnenmarktes.

Dennoch kam es seit Ende der achtziger und besonders in den neunziger Jahren des vorigen Jahrhunderts zu einem stürmischen Aufschwung der Industrie. Die Wachstumsraten übertrafen die der westlichen Länder bei weitem. Die Produktionsmittelindustrie überholte im Wachstumstempo die Konsumgüterindustrie, wenngleich ihr Anteil am gesamten industriellen Produktionswert immer noch geringer war. Verantwortlich dafür war im wesentlichen die Politik der Finanzminister Wyschnegradski (1887–1892) und – am stärksten – Witte (1892–1903). Sie bestand aus einer protektionistischen Zollpolitik, aus einer Konzentration der staatlichen Mittel im wirtschaftlichen Bereich auf das Eisenbahnwesen, dessen Entwicklung als Schlüsselpunkt für die Industrialisierung angesehen wurde, aus einer Beschaffung der Mittel durch hohe indirekte Steuern auf Konsumwaren, aus umfangreichen Getreideexporten und aus der Heranziehung von Auslandskapital (v. Laue; Nötzold).

Der schwache Punkt dieser Industrialisierungspolitik lag nach wie vor im Agrarbereich. Das zeigte sich bereits um die Jahrhundertwende, als eine weltweite Wirtschaftskrise und die Beendigung der größten Eisenbahnbauten die Industrie in Schwierigkeiten brachte: Schlechte Ernten verschärften das Problem, da nun weniger Getreide exportiert werden konnte. Die Kaufkraft der Bauern war zu schwach, um die Nachfrageverluste auszugleichen. Erst nach der Revolution von 1905 war der Weg für entscheidende Veränderungen frei. Ab 1906 ergriff die Regierung unter Ministerpräsident Stolypin (1906–1911) eine Reihe von Maßnahmen, die den Bauern den Austritt aus der Dorfgemeinde erleichtern, den Zukauf von Land ermöglichen, eine Flurbereinigung in die Wege leiten und eine Umsiedlung »landhungriger« Bauern in bisher unerschlossene Gebiete, besonders Sibiriens, fördern sollten. Ziel war die Schaffung einer leistungsstarken bäuerlichen Oberschicht und ein Abbau der ländlichen Überbevölkerung; damit wäre zugleich langfristig der Mangel an qualifizierten Arbeitskräften in der Industrie beseitigt worden.

Erfolg oder Mißerfolg der Reformen sind schwer zu bestimmen. Nach hoffnungsvollen Anfängen im Sinne der Urheber verlangsamte sich der Umwandlungsprozeß. Doch der Erste

Weltkrieg und die Revolutionen von 1917 machten eine geregelte Weiterführung unmöglich, und es bleibt Spekulation, ob ohne den Krieg das Ziel Stolypins erreicht worden wäre (Nötzold). Nicht zuletzt an der Beurteilung dieser Reformen scheiden sich dennoch die wissenschaftlichen Geister – vor allem in den USA –, ob Rußland auch ohne Krieg kurz vor einem revolutionären Aufbruch stand (Schule der »Pessimisten«) oder ob sich Rußland politisch wie sozial zunehmend stabilisiert und der Krieg erst alle entsprechenden Faktoren endgültig erschüttert habe (»Optimisten«; vgl. Haimson, in: Wirtschaft, S. 304–332, und die Diskussion in der Zeitschrift Slavic Review 24, 1965). Auf allgemeinerer Ebene sind dies Probleme der »Modernisierungsforschung« (Flora; Wehler). Ihr für die Untersuchung der russischen Verhältnisse wichtigster Vertreter, Gerschenkron, argumentiert, daß sich Rußland vor dem Ersten Weltkrieg zunehmend »verwestlicht« habe, indem die Substitute für Industrialisierungsfaktoren in historisch früheren Prozessen (so habe der Staat in Rußland die gleiche Funktion wie die Banken in Deutschland und der Binnenmarkt bzw. die Privatunternehmer in England gehabt) abgebaut worden seien (Gerschenkron 1967, 1972). Empirisch umstritten, weist diese Auffassung auch eine Reihe theoretischer Probleme auf. Ihr Maßstab ist die Industrialisierung Englands; was nicht nach deren Muster verläuft, ist – mit Abstufungen – »rückständig«. Damit schärft sie zwar den Blick für Unterschiede zu anderen Entwicklungen, verliert ihn aber leicht für die Ursachen der russischen Besonderheiten.

Empirisch bislang nicht nachgewiesen ist der Zusammenhang der Agrarreformen mit dem zweiten industriellen Aufschwung, der nach dem Abklingen der Revolution von 1905 einsetzte und zwischen 1909 und 1913 seinen Höhepunkt erreichte. Immerhin stieg in diesen Jahren sowohl die Getreidemenge für den Export als auch der Getreideverbrauch pro Kopf der Bevölkerung. Dadurch vergrößerten sich die Mittel für die Industrialisierung, und im Dorf wurde die Kaufkraft – verstärkt durch die zunehmende soziale Differenzierung im Gefolge der Stolypinschen Reformen – erhöht (Bovykin, in: Wirtschaft, S. 205).

Das wichtigste Ergebnis des neuen Aufschwungs war eine Umstrukturierung innerhalb der Industrie. Die Metallindustrie überflügelte in ihrer Entwicklungsdynamik die Textilindustrie und den Bergbau (Strumilin 1925, S. 88–121). Insgesamt nahm die Produktionsmittelindustrie wieder, wie gegen Ende des ersten Aufschwungs, einen Anteil von knapp 40 Prozent am Produktionswert ein, nachdem sich das Verhältnis nach der Jahrhundertwende zugunsten der Konsumgüterindustrie verändert hatte (Bovykin, in: Wirtschaft, bes. S. 203; vgl. auch Miller). Nötzold meint (S. 194 ff.), daß trotz dieser Fortschritte die gesamtwirtschaftliche Entwicklung zu langsam gewesen sei, um eine einschneidende Verbesserung der Verhältnisse in Rußland zu erwirken. Das ist in dieser Vereinfachung nicht haltbar. Nötzold legt seiner Annahme z. B. den Durchschnitt der Wachstumsraten 1860 bis 1913 zugrunde, ohne die weitaus höheren Raten in den neunziger Jahren des 19. Jahrhunderts und von 1908 bis 1913 sowie die Strukturveränderungen in der Wirtschaft differenziert zu berücksichtigen. Hier sind, auch von der sowjetischen Forschung, viele Fragen noch nicht ausreichend behandelt.

Der russische Industrialisierungsprozeß trug im Konzentrationsgrad und in der Kapitalverflechtung mit dem Ausland wichtige vom Westen unterschiedene Züge. Fast 50 Prozent der Investitionen in der Industrie kamen 1914 aus dem Ausland (Bonwetsch, S. 418), in einigen Bereichen – Bergbau und Metallindustrie vor allem – noch mehr (vgl. Bovykin, in: Wirtschaft, S. 193 ff.). Diese Direktinvestitionen, die insbesondere von Interessenten aus Großbritannien, Deutschland und Belgien in Aktiengesellschaften angelegt wurden, gewannen zunehmend an Bedeutung, während in der ersten Phase gegen Ende des 19. Jahrhunderts das Auslandskapital stärker durch Staatsanleihen nach Rußland geflossen war. Der Schuldendienst machte 1913 jedoch immer noch 15 Prozent des ordentlichen Haushalts aus, schränkte also den finanziellen Spielraum der Regierung erheblich ein (M. Miller, S. 118, 121; Sidorov, in: Wirtschaft, S. 262). Vielfach wird argumentiert, die Rolle des Auslandskapitals sei ökonomisch für Rußland nachteilig gewesen und Rußland zudem vom Ausland abhängig geworden (z.B. Nötzold, S. 173 ff.). Diese Argumentation hat auch in der Sowjetunion bei der Diskussion über das Finanzkapital und über den »halbkolonialen« Status Rußlands eine herausragende Funktion gehabt. Natürlich hatten die ausländischen Kapitalanleger ihre Profitinteressen im Auge, es ist jedoch fraglich, ob sich ein russischer Unternehmer anders verhalten hätte. Und gewiß versuchte Frankreich auch mit ökonomischen Mitteln, das deutsch-russische Verhältnis zu stören, aber eine ausschlaggebende Abhängigkeit ist bisher nicht nachgewiesen worden. Die angeführten Beispiele fallen überwiegend unter Probleme der Kapitalbildung und Kapitalverwertung – Aktienrecht, Zölle, Preise, Kreditaufnahme usw. –, für die die Kategorie »Abhängigkeit vom Ausland« ohne wesentlichen Erklärungswert ist; entsprechend standen Auslandskapital und russische Unternehmer dabei meistens in einer Front.

Die Bedeutung des Auslandskapitals liegt auf einem anderen Gebiet. Mit ihm kamen moderne Technologie, moderne Organisationsformen, modernes Management nach Rußland. Durch diese Faktoren wurde der Trend zur industriellen Konzentration erheblich verstärkt, der die Industrialisierung von Anfang an begleitete. Er war wesentlich bedingt durch die hohen finanziellen Kosten, die etwa wegen der riesigen Entfernungen zwischen den Orten der Rohstoffgewinnung, der Verarbeitung und des Verbrauchs entstanden, durch den gleichzeitigen Geldmangel der Unternehmer (viel Geld wurde allerdings von den Adligen und vom Staat unproduktiv eingesetzt) und durch die Absatzschwierigkeiten wegen des schwachen Binnenmarktes. Große Aktiengesellschaften, Trusts und Syndikate beherrschten teilweise monopolartig den Markt. 1914 umfaßten Betriebe mit über 1000 Arbeitern 2,4 Prozent der untersuchten Unternehmen, sie beschäftigten 41,4 Prozent der gesamten Arbeiterschaft (Chromov, S. 7). Am höchsten war der Konzentrationsgrad in der Produktionsmittelindustrie und im Bankwesen (vgl. Nötzold, S. 112 ff.).

Bei der Untersuchung dieser Elemente fällt die häufige Personalunion von führenden Positionen in Unternehmen und

Banken als Ausdruck der engen Verflechtung von Bankkapital und Industriekapital auf. Gute personelle Verbindungen bestanden auch zum Staatsapparat; eine Reihe von Industriellen begann ihre Laufbahn in einem Ministerium. Und in der Tat spielte der Staat – wie schon in früheren Zeiten – eine entscheidende Rolle in der Industrialisierungsphase seit dem Ende des 19. Jahrhunderts. Sie reichte von der Zoll- und Steuerpolitik über die Sicherung der Getreideexporte, die Heranziehung von Auslandskapital, die Förderung oder zumindest Tolerierung der Konzentrationsbewegung bis zur unmittelbaren Finanzierung bestimmter Industriezweige und zu umfangreichen Staatsaufträgen. Die Aufträge waren zunächst überwiegend für die Entwicklung des Eisenbahnwesens bestimmt, vor dem Ersten Weltkrieg dann vor allem für den Maschinenbau, speziell im Rüstungsbereich; sie gingen in erster Linie an die Großunternehmen und Syndikate. Die Strukturveränderungen innerhalb der Industrie während des zweiten Aufschwungs sind nicht zuletzt auf die gezielte staatliche Auftragspolitik – in Verbindung mit der zunehmenden Rolle der Banken – zurückzuführen.

Diese Politik war nicht unumstritten. Revisionen ergaben, daß einige Unternehmen den Behörden ihre Preise diktierten; einflußreiche Großgrundbesitzer protestierten gegen Gesetzesvorhaben, die die Industrie begünstigten, oder gegen wirtschaftliche Nachteile, die ihnen durch das Verhalten der Syndikate entstanden; auch im Ministerrat gab es Konflikte, die die Spannungen zwischen Agrariern und Industriellen widerspiegelten. Auf der anderen Seite gab es zahlreiche Interessenidentitäten zwischen beiden sozialen Gruppen, und die Regierung ging nicht von ihrer Linie der Industrieförderung ab, obwohl die soziale Basis der »Selbstherrschaft« des Zaren nach wie vor der Grundbesitz und der Adel war und die Bourgeoisie keine politische Gefahr darstellte; sie sah keinen anderen Weg, um die als notwendig erachtete Industrialisierung voranzutreiben.

Dies ist ein realer Kern der Theorie vom staatsmonopolistischen Kapitalismus Rußlands. Hierunter wird heute von den meisten sowjetischen Forschern – nachdem er lange Zeit als »Unterordnung des Staatsapparats unter die Monopole« (Stalin 1972, S. 44) definiert worden war – in Anlehnung an einige Hinweise bei Lenin ein nicht widerspruchsfreies Bündnis zwischen Staatsapparat, Agrariern und Bourgeoisie, als »Zusammenwachsen« dieser sozialen Gruppen seit der Revolution 1905 verstanden. Der Staat sei dabei kein unmittelbarer Agent der Monopole gewesen. Er habe sich zwischen der zunehmenden wirtschaftlichen Abhängigkeit von den Monopolen und der traditionellen Basis im adligen Großgrundbesitz eine relative Selbständigkeit bewahrt, wie an einer Reihe von Entscheidungen gezeigt wird (Überblick bei Tarnovskij).

Zahlreiche Probleme bedürfen bei dieser Theorie allerdings noch der Klärung. So ist etwa der Einfluß der Agrarier auf den Staatsapparat noch zu wenig untersucht (und im Begriff überhaupt nicht gefaßt). Zwar passen führende Vertreter der Schwerindustrie in dieses Schema, aber viele Unternehmer – vor allem aus der Leichtindustrie – gingen mehr und mehr auf Distanz zur Regierung und schlossen sich während des Ersten Weltkriegs sogar der politischen Opposition an (erhielten deshalb auch kaum Staatsaufträge). Weitere Differenzierungen und auch theoretische Vertiefungen sind von der in Gang gekommenen systematischen Erforschung der wechselseitigen Beziehungen zwischen den verschiedenen sozialökonomischen Strukturen und Produktionsweisen vom hochentwickelten Kapitalismus bis zum kleinen, vorkapitalistisch wirtschaftenden Bauernhof und zu den Nomaden in der Steppe zu erwarten.

Der Krieg verschärfte die sozialökonomischen Widersprüche in Rußland. In der Rüstungsindustrie gelang es, nicht zuletzt durch staatliche Intervention, gewaltige Produktionssteigerungen zu erzielen. Die Expansion von metallverarbeitender und chemischer Industrie führte bis 1917 zu einer weiteren Verstärkung des Gewichts der Produktionsmittelindustrie, des Konzentrationsgrades und auch zu einer Vergrößerung der Arbeiterzahl. Trotz vielfacher Versuche seitens der Regierung konnte jedoch die Roh- und Brennstoffversorgung ebensowenig reguliert werden wie der Agrarbereich. Die Mittel- und Kleinindustrie blieb zersplittert, auch wenn die Initiative ergriffen wurde, über Kriegs-Industriekomitees zu einer Zusammenfassung ihrer Kräfte zur Mobilisierung für die Kriegswirtschaft zu kommen; die »Selbstherrschaft« blieb dieser Initiative gegenüber mißtrauisch, und die Großindustrie boykottierte sie. Der einseitige Anstieg der Rüstungsproduktion erschöpfte die ökonomische Leistungsfähigkeit. Ab 1916 verzeichneten dann selbst die vorher expandierenden Industriezweige einen krassen Produktionsabfall (Sidorov 1973; zur Ereignisgeschichte: Florinsky).

Die besonderen Wechselbeziehungen zwischen den verschiedenen Produktionsweisen, die Abhängigkeit der Gesamtwirtschaft vom agrarischen Bereich – 1913 erwirtschaftete die Landwirtschaft immer noch 51,4 Prozent des Volkseinkommens, die Industrie lediglich 28 Prozent (Nötzold, S. 194) –, die ökonomische Überforderung Rußlands durch den Ersten Weltkrieg, zugleich der hohe Konzentrations- und Vergesellschaftungsgrad der Industrie (besonders im Produktionsmittelbereich) mit teilweise modernster Technologie, die Regulierungsansätze des Staates in enger, wenn auch nicht konfliktfreier Verbindung mit der Großindustrie – all das sind wesentliche wirtschaftliche Ursachen der Revolution von 1917 und Ausgangsbedingungen für die Sowjetmacht.

Diese Faktoren spiegelten sich in den sozialen Beziehungen innerhalb der damaligen Gesellschaft wieder; zwischen Regierung bzw. Bürokratie, Agrariern und Bourgeoisie wurden sie bereits angedeutet (Überblick über die Geschichte 1890–1917: Kochan). Einig waren sich diese Gruppen höchstens in dem Bestreben, Rußland als Großmacht zu erhalten, die wirtschaftliche Entwicklung zu fördern und zu weit gehende gesellschaftliche Reformen zu verhindern. Nur ein kleiner Teil dieser herrschenden Schichten zählte zu den Liberalen, die eine demokratische Ordnung befürworteten; politisch waren sie meist in der Konstitutionell-Demokratischen Partei (nach ihren Anfangsbuchstaben »Kadetten« genannt) organisiert, die sich nach verschiedenen Ansätzen 1905 gebildet hatte. Die Mehrzahl war Mitglied im »Bund des 17. Oktober« (kurz: Oktobristen, sie gaben sich diese Bezeichnung, weil der Zar an diesem Tag des Jahres 1905 ein Manifest erlassen hatte, durch das u. a. ein Parlament – die Duma – berufen wurde) oder stand ihm nahe; diese Partei unterstützte zunächst ohne Einschränkungen die Regierung. Viele sahen ihre politische Heimat auch in den Parteien der (in verschiedenen Abstufungen) nationalistisch-antisemitisch-ultramonarchistischen Rechten. In der 1. und 2. Duma (1906–1907) stellten von diesen Parteien die Kadetten die Mehrheit der Abgeordneten; sie vertraten zu dieser Zeit ein linksliberales Programm (vgl. zu allen Parteien: Russ. polit. Parteien; Hosking). Durch eine staatsstreichartige Änderung des Wahlgesetzes im Juni 1907, mit der Ministerpräsident Stolypin die Großgrundbesitzer sowie die größeren städtischen Eigentümer begünstigte, gerieten sie in eine Minderheitenposition; die Oktobristen und die Rechtsparteien stellten in der 3. und 4. Duma (1907–1912–1917) die meisten Abgeordneten. Die Kadetten gingen zunehmend von ihrem radikalen Programm ab und näherten sich vor allem in grundsätzlichen außenpolitischen Fragen der Regierung. Bei Ausbruch des Ersten Weltkrieges waren sie an der Spitze der patriotischen Bewegung zu finden.

Diese Wandlung ist unter anderem auf zwei Gründe zurückzuführen: Einmal war die Arbeit in der Duma unbefriedigend. Die Gesetzgebung war an die Zustimmung des Staatsrates (eine Art Oberhaus) und des Zaren gebunden. Budget- und Interpellationsrecht waren von vornherein eingeschränkt. Die Regierung, die allein dem Zaren verantwortlich war, hatte in Vakanzzeiten ein Notverordnungsrecht. Der andere Grund lag darin, daß die Kadetten, die sich ursprünglich der Revolutionsbewegung von 1905 in ihrer Forderung nach demokratischer Veränderung angeschlossen hatten, aus dem Scheitern der Revolution den Schluß zogen, eine Evolution des Systems sei nur auf gemäßigt-parlamentarischem Wege möglich.

Damit entfremdeten sich die Kadetten immer mehr der Bevölkerung. Die Forderungen der Bauern wurden – vollends, nachdem sich die Kadetten selbst von ihrem Programmpunkt nach weitgehender Enteignung des Großgrundbesitzes entfernt hatten – hauptsächlich von der 1902 gegründeten Sozialrevolutionären Partei vertreten. Diese kam aus der Tradition der Narodniki – jener intellektuellen Bewegung nach der Agrarreform von 1861, die »ins Volk gehen« (daher der Name: narod = Volk), es aufklären und unter Umgehung des Kapitalismus zu einer revolutionären Umgestaltung Rußlands durch die Bauern kommen wollte. Als diese Bewegung gescheitert war, entstanden daraus Terrorristenzirkel, die ihre Anschläge in der – vergeblichen – Hoffnung unternahmen, daß die Bauern sie als Signal für einen allgemeinen Aufstand begriffen; die Ermordung des Zaren Alexander II. (1881) wurde von einer solchen Gruppe durchgeführt. Die Idee des individuellen Terrors blieb auch in der Sozialrevolutionären Partei lange Zeit lebendig. Verstärkt wurde nun aber auch das Proletariat in das Programm mit einbezogen (Venturi). Dennoch hatte die Partei nach wie vor ihren Schwerpunkt im Agrarbereich. Ihr Ziel war eine Sozialisierung des Bodens und seine Verteilung an die, die ihn tatsächlich bearbeiteten (Radkey; Hildermeier, in: Wirtschaft, S. 368–389).

Das Industrieproletariat hielt sich überwiegend von der Sozialdemokratischen Arbeiterpartei Rußlands repräsentiert, die aus verschiedenen sozialistischen, vorwiegend marxistisch orientierten Gruppen hervorgegangen war und sich 1898 konstituiert hatte. Da sie zunächst verboten und auch nach 1905 ständig von der Illegalisierung bedroht war, befanden sich ihre Führungszentren meist im Ausland. Aus der unterschiedlichen Reaktion auf diese Situation bildeten sich zwei Flügel heraus, die nach den Abstimmungsverhältnissen auf dem 2. Parteitag 1903 »Minderheitler« (Menschewiki) und »Mehrheitler« (Bolschewiki) genannt wurden. Die Menschewiki wollten dem Vorbild der deutschen Sozialdemokratie folgen und eine Massenorganisation aufbauen. Notwendig sei zunächst eine bürgerliche Revolution, bei der das Proletariat die bürgerlichen Kräfte unterstützen werde. Die Bolschewiki vertraten dagegen das Konzept einer verhältnismäßig kleinen, straff organisierten Partei mit aktiver Mitarbeit aller Mitglieder, die auf die Bedürfnisse der Illegalität eingestellt und schwieriger zu zerschlagen sei. Stärker als die Menschewiki waren sie der Ansicht, daß die bürgerlichen Kräfte zu einer wirklichen Umwälzung nicht in der Lage seien und außerdem die Interessen von Proletariat und Bauernschaft nicht vertreten würden; das Proletariat und seine Partei müßten deshalb von Anfang an die Führungsrolle in der revolutionären Bewegung übernehmen. 1912 spalteten sich die russischen Sozialdemokraten endgültig (Geyer 1962; Keep; Gesamtdarstellungen, auch zum folgenden: Geschichte der KPdSU; Ulam; Schapiro 1962; Martow/Dan).

Die Flügelkämpfe drückten sich auch in den übrigen Organisationen des Proletariats aus. Die Gewerkschaften – fast ausschließlich illegal – orientierten sich zumindest in ihren Führungen an den Menschewiki, Organisationen wie die betrieblichen Krankenkassen, die mehr auf das jeweilige Unternehmen bezogen waren, vielfach eher an den Bolschewiki (Brügmann). Je schärfer die Klassenauseinandersetzungen wurden, desto schneller stieg die Anhängerschaft der Bolschewiki. Als nach einer »ruhigeren« Periode (infolge der gescheiterten Revolution 1905) 1912 wieder heftige Streiks ausbrachen – darunter viele, die selbst von den Behörden als »politische« eingestuft wurden –, erzielten die Bolschewiki bei den im gleichen Jahr stattfindenden Duma-Wahlen erhebliche Stimmengewinne, während die Menschewiki empfindliche Stimmenverluste hinnehmen mußten (Haimson, in: Wirtschaft). Diese Tendenz hielt zunächst an, wurde dann vorübergehend durch den Ausbruch des Ersten Weltkrieges unterbrochen, um sich spätestens 1916 fortzusetzen. Soweit sich das beim gegenwärtigen Stand der Forschung feststellen läßt, wuchsen Einfluß und Anhängerschaft der Bolschewiki in den Streiks der Kriegsjahre. Die Menschewiki hingegen zerstritten sich in verschiedene Gruppen über die Haltung zum Krieg: Vaterlandsverteidigung oder Kampf gegen den imperialistischen Krieg? Auseinandersetzungen gab es auch über die Frage, wie man sich zu der Möglichkeit, einige Arbeitervertreter in die Kriegs-Industriekomitees zu wählen, stellen sollte. Bolschewiki und linke Menschewiki fanden z. B. zunächst eine Mehrheit in der Petrograder Arbeiterschaft, die sich gegen die Wahl aussprach. Nach verschiedenen Maßnahmen, u.a. Verhaftung zahlreicher Bolschewiki, kam die Wahl dann doch zustande. Die Einstellung der Arbeiter zu ihren Vertretern blieb jedoch zwiespältig, obwohl sie bald wegen Agitation verhaftet wurden (Florinsky, S. 163–165).

Die politische Entwicklung der Parteien und Organisationen des Proletariats war wesentlich Ausdruck der Entwicklung der Arbeiterbewegung. Der Kern der Industriearbeiterschaft, der Anfang 1917 mit 3,5 Millionen Personen etwa 2 Prozent der Bevölkerung stellte (alle Lohnarbeiter und deren Familien umfaßten rd. 15 Prozent), machte einen bedeutend schnelleren Lernprozeß durch als das Proletariat der bereits industrialisierten Länder. Das hing zusammen mit dem ebenfalls schnelleren Wachstum der Industrie, mit der Konzentration in Großunternehmen und in einigen wenigen Städten, mit der politischen Unterdrückung durch die »Selbstherrschaft« und der engen Verbindung zumindest eines Teils der Bourgeoisie mit Regierung und großgrundbesitzendem Adel, mit den daraus resultierenden Erfahrungen der Kämpfe in den Streiks und in der Revolution von 1905; aus Streikausschüssen entstanden damals sogar eigene Vertretungsorgane: die Sowjets (Räte; dazu: Anweiler). Das russische Proletariat übernahm daher trotz seiner zahlenmäßigen Schwäche die Führungsrolle in den Versuchen, die Gesellschaft zu verändern, die von vielen (auch von Menschewiki) traditionsgemäß der Bourgeoisie zugeschrieben wurde (vgl. zur Kategorienbildung: M. Vester, Die Entstehung des Proletariats als Lernprozeß. 2. Aufl., Frankfurt/M. 1972).

In welchem Ausmaß die Gesellschaft verändert werden konnte, war entscheidend vom Verhalten der Bauern abhängig. Auf dem Land lebten vor den Revolutionen von 1917 etwa 80 Prozent der Bevölkerung. Zwischen Bauern, Händlern und Handwerkern (Kustar- oder Hausindustrie, häufig von Bauern selbst augeübt), z. T. noch der Kleinindustrie, vollzog sich ein verhältnismäßig selbständiger Wirtschaftskreislauf. Die meisten Bauern arbeiteten mit völlig unzureichenden Hilfsmitteln und lebten unter erbärmlichen Existenzbedingungen. Die armen Bauern, die im allgemeinen weniger als den eigenen Konsumbedarf erwirtschafteten, machten ungefähr 60–65 Prozent der Bauernschaft aus, die wohlhabenderen, Überschuß produzierenden »Kulaken« ungefähr 15 Prozent; der Rest zählte zu den Mittelbauern, die gerade ihren Bedarf decken konnten. Es liegt auf der Hand, daß die Mehrzahl der Bauern nicht für den Markt produzierte, auch wenn sie hier und da einmal etwas verkauften (Zahlen in: Kritzmann, S. XIV–XV, XX; UdSSR in Zahlen, S. 17; Nötzold S. 46–47). Bauernunruhen gab es ständig, wenngleich sie meistens – abgesehen von einer größeren Bewegung 1905–1907 – auf kleinere Gebiete beschränkt blieben. Die bäuerlichen Aktionen richteten sich überwiegend gegen die Gutsbesitzer. Mit der Durchführung der Stolypinschen Reformen nahmen aber auch die Konflikte zwischen ärmeren und reicheren Bauern zu (Dubrovskij, in: Wirtschaft, S. 347–367). Die sowjetische Forschung faßt sie – wie damals schon die Bolschewiki – unter die Kategorie der Klassenauseinandersetzungen. Eine neuere englische Studie argumentiert dagegen: bei allen partikularen Spannungen habe es im russischen Dorf wegen eines hohen Mobilitätsgrades keine Klassenantagonismen gegeben; bei Bedrohungen von außen (z. B. durch die Regierung, die Stadt oder die Industrie) habe das Dorf geschlossen gehandelt (Shanin). – Die Bauern wollten Befreiung von allen drückenden Lasten durch Steuern und Druck der Gutsbesitzer, sie wollten vor allem mehr Land. Stolypinsche Reformen und dann die Erfahrungen des Ersten Weltkrieges erschütterten das Vertrauen der meisten Bauern in die zaristische Regierung, ihre Probleme zu lösen (Dubrovskij 1929; insgesamt Robinson).

Am Vorabend der Revolution von 1917 stand die überwältigende Mehrheit der russischen Bevölkerung in Opposition zum bestehenden Gesellschaftssystem: Man kann von einer Legitimations- und Integrationskrise sprechen (vgl. Herrschaft und Krise). Die Gutsbesitzer (ca. 2 Prozent der Bevölkerung), die Bourgeoisie (ca. 4 Prozent), der Regierungsapparat und die Kulaken (ca. 10 Prozent) befanden sich zahlenmäßig gegenüber Arbeitern und Bauern eindeutig in der Minderheit (Zahlen bei Trifonov, S. 27, 38–39, 52, 61). Aber diese herrschende Klasse war – wie bereits angedeutet – noch nicht einmal in sich selbst geschlossen. So war es kein Wunder, daß in der Februarrevolution (die nach gregorianischem Kalender im März 1917 stattfand, bis zum 1. 2. 1918 galt in Rußland jedoch noch der julianische) das zaristische System ohne größere Widerstände zusammenbrach.

Die besondere politische Konstellation in Rußland wirkte sich allerdings bald aus. Zunächst bildete sich eine »Doppelherrschaft« heraus: Die Provisorische Regierung setzte sich aus Vertretern der systemimmanenten Opposition gegen den Zaren zusammen – hauptsächlich aus Kadetten und Oktobristen, die bereits im Weltkrieg im wesentlichen den »Progressiven Block« getragen hatten, der vom Zaren eine »Regierung des Vertrauens« gefordert hatte, damit alle Kräfte des Volkes besser für den Sieg zusammengefaßt werden könnten. Die Träger der Februarrevolution, die Arbeiter und Soldaten in Petrograd, wählten den Sowjet der Arbeiter- und Soldatendeputierten, der von den bald entstandenen Sowjets in den übrigen Städten und teilweise auch auf dem Land als zentrales Organ anerkannt wurde. Er sollte die Provisorische Regierung kontrollieren; zur eigenen Übernahme der Regierung hielt er sich noch nicht für fähig.

Als sich jedoch zeigte, daß die Provisorische Regierung nicht den Krieg beendete, nicht das Agrarproblem löste, nicht mit der Nationalitätenfrage fertig wurde, zunehmend die Interessen der Unternehmer gegen die Arbeiter unterstützte und die Wahlen zur Verfassunggebenden Versammlung mehrmals verschob, brach der bereits vor der Februarrevolution bestehende Gegensatz erneut auf: Die Mehrheit der Bevölkerung war mißtrauisch gegen diejenigen, die ins zaristische System integriert gewesen waren. Die Provisorische Regierung wurde mehrfach umgebildet und Vertreter jener Parteien aufgenommen, die zunächst die Mehrheit im Petrograder Sowjet stellten: die Menschewiki und Sozialrevolutionäre. Die Funktion des Petrograder Sowjets wandelte sich, von einer »Doppelherrschaft« konnte man nicht mehr sprechen. Als auch dadurch keine Änderung herbeigeführt wurde, verloren Menschewiki und Sozialrevolutionäre immer mehr Anhänger. Durch verschiedene Ereignisse verstärkt, gewannen die Bolschewiki zunehmend an

Einfluß. Sie hatten von Anfang an eine starke Stellung in einigen örtlichen Sowjets (besonders wichtig waren die Stadtteil-Sowjets in Petrograd) und in den Betriebskomitees. Die Komitees hatten sich nach der Februarrevolution überall gebildet und die Kontrolle über die Betriebe verlangt (»Arbeiterkontrolle«); zum Teil griffen sie in die Politik der Unternehmen ein oder übernahmen die Produktion selbst, wenn die Betriebsinhaber das Werk stillegen wollten. Sie forderten die Machtübernahme durch die Sowjets.

Als sich der Klassenkampf in den Betrieben immer mehr zuspitzte, als die Bauern vermehrt darangingen, die Enteignung der Gutsbesitzer und die Aufteilung des Landes selbst vorzunehmen, als die Armee nach einer letzten Offensive zusehends auseinanderfiel, entschlossen sich die Bolschewiki – die inzwischen auch im Petrograder Sowjet die Mehrheit hatten – nach heftigen inneren Auseinandersetzungen, den bewaffneten Aufstand vorzubereiten. Planung und Leitung des Aufstandes, der dann am 25. 10. 1917 (nach gregorianischem Kalender am 7. 11.) stattfand, lag in den Händen des Revolutionären Militär-Komitees beim Petrograder Sowjet, dem durchaus nicht nur Bolschewiki angehörten. Am Abend des 25. Oktober trat der 2. Allrussische Sowjetkongreß zusammen, der nach dem Auszug der Menschewiki und des rechten Flügels der Sozialrevolutionäre den Aufstand legitimierte. Am 26. 10. erließ er das Dekret (Gesetz) über den Frieden, das die Bereitschaft ausdrückte, sofort einen Friedensvertrag abzuschließen, und das Dekret über das Land, durch das der Großgrundbesitz enteignet, Grund und Boden verstaatlicht und den Bauern zur Nutznießung überlassen wurde (insgesamt zur Entwicklung 1917 und zur Oktoberrevolution: Geyer 1968; Chamberlin; Die russ. Revolution; Reed; Brügmann).

II. Schwierigkeiten beim Aufbau des Sozialismus

Bis zum Frühjahr 1918 hatte sich die neue Ordnung weitgehend konsolidiert. Der alte Staatsapparat war durch Sowjetorgane ersetzt worden, wobei allerdings keine vollständige Auswechselung der Angestellten und Beamten stattfand. Schon bis Ende 1917 waren die Banken verstaatlicht, die Arbeiterkontrolle in den Betrieben eingeführt und der Oberste Volkswirtschaftsrat als zentrales Lenkungsorgan eingesetzt worden. Die Organe der Arbeiterkontrolle, der Volkswirtschaftsrat mit seinen regionalen und Branchen-Abteilungen, die Gewerkschaften und die Sowjetinstitutionen sollten bei der planmäßigen Regulierung der Wirtschaft zusammenarbeiten. Das gelang jedoch nur im Ansatz. Viele Arbeiter und Betriebskomitees warteten den allmählichen organisatorischen Neuaufbau nicht ab, sondern enteigneten spontan ihre Unternehmen. Obwohl die Bolschewiki zunächst diese »rotgardistische Attacke auf das Kapital« (Lenin) unterstützten, wurde ihnen bald klar, daß dieser Prozeß aufgefangen werden mußte, weil die enteigneten Betriebe vielfach isoliert »betriebsegoistisch« produzierten, während sich die allgemeine Wirtschaftslage immer weiter verschlechterte. Die Sowjetmacht versuchte deshalb, eine strengere Arbeitsdisziplin und eine sparsame Wirtschaftsführung durchzusetzen und zugleich die spontanen Enteignungen zu bremsen. Statt dessen sollten »staatskapitalistische« Formen gefunden werden: die noch nicht enteigneten Kapitalisten sollten ihre Unternehmen unter Kontrolle des proletarischen Staates sowie der Gewerkschaften und Betriebskomitees weiterführen. Diese Versuche scheiterten am Widerstand der Arbeiter wie der Kapitalisten. Der I. Kongreß der Volkswirtschaftsräte entschied sich deshalb im Mai 1918 für eine konsequente Nationalisierung der Großindustrie. Die Betriebsleitungen sollten zum Teil von den Arbeitern gewählt, zum Teil von den regionalen Volkswirtschaftsräten ernannt werden; die Gewerkschaften erhielten ein großes Mitspracherecht. Als Zielvorstellungen wurden die Ausarbeitung eines Gesamtwirtschaftsplanes sowie die Abschaffung des Geldsystems und des Privathandels, allgemein der unmittelbare Aufbau des Sozialismus ohne »staatskapitalistische« Umwege genannt. Diese Konzeption hatte sich in einer intensiven Diskussion innerhalb der Kommunistischen Partei Rußlands zwischen einer Gruppe um Lenin, der zunächst die »staatskapitalistischen« Experimente befürwortete, und den »linken Kommunisten« herauskristallisiert (Brügmann; Lorenz 1965; Arbeiterdemokratie).

Die innenpolitischen Fronten hatten sich unterdessen in diesem ersten halben Jahr nach dem Oktoberumsturz verhärtet, nachdem die im November 1917 gewählte und am 5. 1. 1918 zusammengetretene Verfassunggebende Versammlung aufgelöst worden war, weil diese die Maßnahmen der Sowjetmacht nicht anerkennen wollte. Die Bolschewiki argumentierten, die Zusammensetzung der Konstituante entspreche nicht den neuen Verhältnissen, weil die Wahlen zu einem Zeitpunkt stattgefunden hätten, als sich die Sowjetmacht noch nicht durchgesetzt gehabt habe. Diese Entscheidung beschleunigte den Aufbau gegenrevolutionärer Organisationen und lieferte ausländischen Arbeiterparteien, wie der Mehrheitssozialdemokratie, ja sogar Teilen der USPD, den Anlaß, sich endgültig von den Bolschewiki loszusagen (Geyer 1968, S. 110–113). Die Spannungen wurden weiter verschärft durch den Abschluß des Friedensvertrages mit Deutschland am 3. 3. 1918 in Brest-Litowsk. Die Westmächte hatten die Teilnahme an einer Friedenskonferenz abgelehnt und fühlten sich nun in ihrer Gegnerschaft zur Sowjetmacht bestärkt. Die KPR befürwortete erst nach heftigen inneren Kontroversen die Vertragsunterzeichnung, die linken Sozialrevolutionäre traten aus Protest aus dem Rat der Volkskommissare – der Sowjetregierung, der sie seit Dezember 1917 angehört hatten – aus (Brest-Litovsk).

Durch den Friedensvertrag verlor die Sowjetrepublik weite Teile ihres Staatsgebietes, darunter so wichtige Wirtschaftsräume wie die Ukraine. Die Atempause, die er gewährte, dauerte nur kurze Zeit. Im Sommer 1918 entbrannte ein Bürgerkrieg, der sich bis Ende 1920, in einigen Gegenden bis 1922 hinzog. Eine Reihe ausländischer Staaten (USA, Großbritannien, Frankreich, Japan – um nur die wichtigsten zu nennen) intervenierte zugunsten der Gegenrevolutionäre. 1920 kam noch ein Krieg mit Polen dazu. Nach ungeheuren Anstrengungen konnte sich Sowjetrußland in diesen kriegerischen Auseinandersetzungen behaupten; hohe Menschenverluste, Zerstörungen und Verwüstungen des Landes waren das Opfer, das sie forderten. Es zeigte sich immerhin, daß neben den Arbeitern die Mehrheit der Bauern die Gegenrevolution nicht mitmachten, weil sie keine Rückkehr zu zaristischen Zuständen wollten.

Diese Haltung wurde ihnen durch die Agrarpolitik der Bolschewiki erleichtert. Im Frühjahr und Sommer 1918 hatte die Sowjetregierung wegen der sich verschlechternden Ernährungssituation in den Städten Maßnahmen ergriffen, um die Spekulation mit Getreide einzuschränken und die Überschüsse der Bauern zu sichern. Die armen Bauern wurden in Komitees zusammengefaßt, die die Kulaken bekämpfen, Getreide beschaffen und langfristig auch die Kollektivierung der Landwirtschaft erleichtern sollten. Da sie häufig aber auch die Mittelbauern in Mitleidenschaft zogen, wurden sie Ende 1918/Anfang 1919 wieder abgeschafft: Die jetzt größte Gruppe innerhalb der Bauernschaft durfte nicht zum Feind der Sowjetmacht werden (Chamberlin).

Der Bürgerkrieg wirkte sich auch auf andere Bereiche aus: Die ständig wechselnden Herrschaftsverhältnisse in den einzelnen Gebieten des Landes und plötzlich auftretende neue Anforderungen erschwerten die Ausarbeitung eines Gesamtwirtschaftsplanes. Die Umstellung der Wirtschaft auf militärische Bedürfnisse, die die Verschlechterung der Wirtschaftslage noch beschleunigte, brachte eine verstärkte Zentralisierung der Leitung und Verwaltung mit sich. Das ursprüngliche Programm vom Mai 1918 konnte in der vorgesehenen Form nicht durchgeführt werden. Das Jahr 1920, in dem zeitweise schon Frieden herrschte, ist charakterisiert durch die Widersprüche zwischen kriegsbedingten Verzerrungen früherer Vorstellungen und Versuchen, den Aufbau des Sozialismus voranzutreiben. Zwangsmaßnahmen standen neben Appellen an das politische Bewußtsein und einer breit angelegten Aufklärungs- und Erziehungskampagne. Große Teile der Bevölkerung wurden kostenlos mit Lebensmitteln und Gegenständen des täglichen Bedarfs versorgt; viele staatliche Dienstleistungen waren kostenlos oder sehr billig. Eine Naturalisierung des Lohnes und der Wirtschaftsbeziehungen überhaupt wurde gefördert, das Geld bewußt entwertet. Damit sollte die drängendste Not gelindert werden – der Bedarf wurde bei weitem nicht gedeckt –, zugleich aber war eine Vorwegnahme künftiger Verteilungsformen beabsichtigt. Die Verstaatlichung wurde Ende 1920 auf die Mittel- und Kleinindustrie ausgedehnt. Während eines wirtschaftlichen Tiefstandes ohnegleichen – die Großindustrie produzierte z.B. ungefähr 15 Prozent des Standes von 1913 – arbeitete die Staatliche Elektrifizierungskommission (GOELRO) einen Gesamtwirtschaftsplan aus: Mit Hilfe der damals modernsten Technologie, der Elektrotechnik, sollte innerhalb von 10 bis 15 Jahren die materielle Grundlage für den Sozialismus geschaffen werden. Ein ungeheurer Enthusiasmus, gestärkt durch Erfolge in einigen Wirtschaftsbereichen während der zweiten Jahreshälfte, erfüllte die Bolschewiki und viele Arbeiter (Kritzman; Haumann 1974).

Betrachtet man die Politik während des „Kriegskommunismus" – wie die Periode vom Sommer 1918 bis Anfang 1921 im nachhinein genannt wurde – im Zusammenhang, so spricht vieles gegen die Meinung der meisten sowjetischen Forscher, daß sie überwiegend von den Kriegsbedingungen diktiert wurde (Gimpel'son 1973). Natürlich sind viele Maßnahmen auf den Krieg und die Notsituation zurückzuführen. Ziel war aber nach wie vor der unmittelbare Aufbau des Sozialismus ohne Umwege. Die Bolschewiki waren sich allerdings darüber im klaren, daß der Sozialismus nicht von heute auf morgen eingeführt werden konnte. In einer ersten Stufe, charakterisiert durch einen inäquivalenten Austausch zwischen Stadt und Land, sollten die wirtschaftlichen Schwierigkeiten behoben sowie die materiellen und bewußtseinsmäßigen Voraussetzungen für den Sozialismus geschaffen werden. Bestimmend für die zweite, dem Sozialismus zuzurechnende Stufe sei der äquivalente Warenaustausch zwischen verstaatlichter Industrie und noch individueller, aber bereits in den einheitlichen Wirtschaftsplan einbezogener Landwirtschaft. In der dritten Stufe schließlich, dem Kommunismus, würden die Landwirtschaft vergesellschaftet und die Produktion hoch entwickelt sein, die Werktätigen die Wirtschaft bewußt gestalten, die Produkte ohne Berücksichtigung von »Wert und Gegenwert« getauscht (Haumann 1973).

Anfang 1921 wurde offenbar, daß diese Konzeption nicht ohne weiteres verwirklicht werden konnte. Schneestürme und Brennstoffmangel brachten im Winter den Lebensmitteltransport in die Städte zum Erliegen, die Rationen mußten gekürzt werden. Die Sowjetmacht hatte weder genügend Reserven, um den Engpaß zu überbrücken, noch reichte die organisatorische Stärke der Planungs- und Lenkungsorgane aus, um Abhilfe zu schaffen. Die Bildung der »Staatlichen Plankommission« (Gosplan) im Februar 1921 – die auf der GOELRO-Kommission aufbaute – konnte sich kurzfristig noch nicht auswirken (Haumann 1974). Streiks in einigen Städten wegen der Ernährungssituation, eine zunehmende Welle von Bauernunruhen, die sich vor allem an der Ablieferungspflicht der Getreideüberschüsse ohne ausreichende Gegenleistungen und an den Beschränkungen des freien Handels entzündeten, und schließlich der Kronstädter Aufstand vom März 1921, in denen »Sowjets ohne Kommunisten« gefordert wurden, signalisierten, daß die soziale Basis der Oktoberrevolution bedroht war (Avrich). Die Arbeiterklasse war gegenüber 1913 um die Hälfte, gegenüber 1917 sogar um fast 60 Prozent dezimiert worden. Ein großer Teil gerade der aktivsten und politisch bewußtesten Arbeiter und Kommunisten war im Bürgerkrieg gefallen. Ersatz konnte nur aus nichtproletarischen Schichten kommen (Gimpel'son 1974). Sechs Jahre Krieg, wirtschaftliche Not, Hunger und Krankheit hatten die Arbeiter erschöpft.

Die ehemals armen Bauern waren infolge der Agrarreform von 1917 und des Vorgehens der Dorfarmen-Komitees weitgehend zu – wenn auch bescheidenen – Mittelbauern geworden, die nun über 60 Prozent der Bauernschaft ausmachten; der Anteil der Dorfarmen sank auf 35 Prozent. Die Kulaken stellten nur noch 3–4 Prozent (Kritzman, S. XX). Die Mehrheit dieser

Bauern hatte die Ergebnisse der Oktoberrevolution begrüßt. Sie wehrte sich aber gegen neue Belastungen wie die Ablieferungspflicht und gegen gewaltsame Übergriffe staatlicher Organe. Auch der Kollektivierung stand sie ablehnend gegenüber, obwohl die Zahl der Kollektivwirtschaften gerade 1920 etwas anstieg (Meyer 1974; Haumann 1974). Die KPR beschloß auf ihrem X. Parteitag im März 1921, einem Vorschlag Lenins vom Februar folgend, das Bündnis mit den Bauern auf eine neue Grundlage zu stellen und zu diesem Zweck die Ablieferungspflicht durch eine niedrigere Naturalsteuer in Lebensmitteln zu ersetzen; mit den Überschüssen sollten die Bauern auf lokalen Märkten frei handeln können. Dieser Beschluß wird von vielen Forschern als Beginn der »Neuen Ökonomischen Politik« (NEP) angesehen. Folgt man jedoch der Interpretation des »Kriegskommunismus« als Versuch, den Sozialismus unmittelbar aufzubauen, erscheint er lediglich als eine partielle Kursänderung. Zur gleichen Zeit wurde angestrebt, durch die Ausweitung des Genossenschaftshandels den Warenaustausch soweit wie möglich durchzusetzen. Maßnahmen zur Abschaffung des Geldes blieben in Kraft. Erst als sich zeigte, daß das staatliche Warenangebot für die Bauern unzureichend war und wegen einer Mißernte im Süden und Südosten Rußlands eine schwere Hungersnot ausbrach, an der 4–5 Millionen Menschen starben, wurde die Konzeption aufgegeben – weitere »Rückzüge« waren notwendig. Der freie Handel wurde wieder ausgedehnt, die Verstaatlichung der Mittel- und Kleinindustrie rückgängig gemacht; die kostenlosen Versorgungen und Dienstleistungen wurden aufgehoben. In den Betrieben wurde die »wirtschaftliche Rechnungsführung« zur Pflicht gemacht, dazu mußte die Stabilisierung des Währungssystems in Angriff genommen werden. Die Sowjetmacht ließ demnach kapitalistische Elemente begrenzt wieder zu, behielt aber die »Kommandohöhen« (die politische Macht, die Großindustrie, das Verkehrswesen, das Außenhandelsmonopol) in der Hand. Das war ein Umweg zum Sozialismus (Meyer 1974).

Mit der neuen Politik (insgesamt: Carr; Novaja ėkon. politika) gelang es, die Wirtschaft in einem außerordentlich schnellen Wachstum bis Mitte der zwanziger Jahre auf den Vorkriegsstand zu bringen. 1925 wurde auch zum erstenmal ein Jahreswirtschaftsplan ausgearbeitet (die »Kontrollziffern«), der jedoch noch nicht zufriedenstellend erfüllt werden konnte (Pollock). Dies war ein Anzeichen dafür, daß der Wiederherstellungsprozeß widersprüchlich verlief. Am besten hatten sich Landwirtschaft und Konsumgüterindustrie entwickelt, die Produktionsmittelindustrie war zurückgeblieben: Es fehlte an Mitteln für Neuinvestitionen, zumal der Zufluß von Auslandskapital weggefallen war. Im übrigen funktionierte der Austausch zwischen Stadt und Land nicht immer: In der »Scherenkrise« 1923 führte das Mißverhältnis zwischen Industrie- und Agrarpreisen zu Absatzschwierigkeiten für industrielle Güter (graphisch dargestellt verlief die Preisentwicklung wie eine aufgeklappte Schere). 1925 zogen sich in der »Warenhungerkrise« die Überschuß produzierenden Bauern vom Markt zurück, weil ihnen immer noch nicht genügend Industriewaren angeboten wurden (Meyer 1974; Lorenz 1968). Das Modell des »reaktiven Kaufkraft-Effektes« (Hofmann 1956, S. 9) – wirtschaftliches Wachstum über die Nachfrageentwicklung von der Landwirtschaft über die Konsumgüterindustrie zur Produktionsmittelindustrie – wurde immer wieder durchbrochen. Das lag an Widerständen innerhalb der KPR gegen eine Bevorzugung der Konsumgüterindustrie, vor allem aber an strukturellen Schwächen dieser Konzeption: Wie sollten Planmäßigkeit und sozialistischer Aufbau mit dem freien Wirtschaften von Einzelbauern, Privathändlern und Kleinunternehmern in Einklang gebracht werden?

Mitte der zwanziger Jahre fand über die zukünftige Wirtschaftspolitik eine intensive Diskussion statt: die »Industrialisierungsdebatte«. Preobraschenski, und mit ihm eine Oppositionsgruppe innerhalb der Kommunistischen Partei um Trotzki, stellte dem spontan wirkenden Wertgesetz das Gesetz der »ursprünglichen sozialistischen Akkumulation« gegenüber, beide stünden im Kampf miteinander. Um den sozialistischen Sektor zu stärken, forderte er die Konzentration aller Mittel auf die Produktionsgüterindustrie. Diese sollten vor allem durch eine stärkere Belastung der wohlhabenderen Bauern aufgebracht werden (vgl. Preobraženskij 1971). Die Gegner dieser Konzeption befürchteten eine Verschärfung des »Warenhungers« und damit eine Gefährdung des »Bündnisses« zwischen Arbeiterklasse und Bauernschaft. Vorgeschlagen wurde stattdessen eine konsequente Weiterführung des Modells vom »reaktiven Kaufkraft-Effekt«, also zunächst eine vorrangige Begünstigung von Landwirtschaft und Konsumgüterindustrie (Bucharin, Schanin u. a.), oder eine vorsichtige Förderung der Produktionsmittelindustrie ohne größere Belastung der Bauern (Dserschinski, Basarow u. a.). Die eingeschlagene Politik folgte zunächst diesem Mittelkurs (vgl. Erlich; Foundations; Lewin 1974).

Die »Getreidekrise« von 1927/28, als trotz guter Ernte die Getreidebeschaffung weit unter den Erwartungen lag und damit wegen der ausfallenden Agrarexporte die Industrialisierung erneut bedroht war, traf die Partei wie ein Schock. Die Bereitschaft wuchs, die Verhältnisse in der Landwirtschaft radikal zu ändern; vor allem sollte die Stellung der Kulaken erschüttert werden. Während sich die soziale Zusammensetzung der Bauernschaft in den Jahren der NEP kaum verändert hatte – höchstens verringerte sich der Anteil der armen Bauern um ein paar Prozent zugunsten der Mittelbauern –, war die ökonomische Bedeutung der wohlhabenderen gewachsen (natürlich ist die Einteilung in diese drei Kategorien nicht unproblematisch, weil die Kriterien der Zugehörigkeit z. T. nur vage bestimmbar waren und von den Behörden auch nicht immer in der gleichen Weise angewendet wurden). In ihren Händen konzentrierten sich die meisten Produktionsmittel, sie konnten ihre Getreideüberschüsse am ehesten zurückhalten oder auf den Markt werfen – Spekulationsgewinne erzielen. Die ärmeren Bauern mußten hingegen gleich nach der Ernte alles, was sie nicht selbst verbrauchten, verkaufen, um existieren zu können; in vielfältiger Form waren sie von den reicheren abhängig. Die zunehmende Zersplitterung der Höfe schwächte ihre Wirtschaftskraft immer weiter. Die Sowjetmacht war nicht imstande, dieser Entwicklung in größerem Maße entgegenzusteuern. Sie hatte nicht die Mittel, um die Landwirtschaft schnell zu mechanisieren. Deshalb konnte sie auch nicht durch große Kollektivwirtschaften ein Gegengewicht gegen die Kulaken schaffen; ihre Bedeutung war sogar geringer als am Ende des »Kriegskommunismus«. Selbst der Ausbau des Genossenschaftswesens, den Lenin in seinen letzten Schriften (er war im Januar 1924 gestorben) für so wichtig gehalten hatte, kam nur schrittweise voran. Das lag nicht zuletzt daran, daß die Bolschewiki im Dorf kaum Einfluß hatten. Die Kulaken beherrschten auf Grund ihrer ökonomischen Position und auch einer besseren Bildung die politischen Entscheidungsgremien auf dem Land. Wie sollte die Sowjetmacht dagegen vorgehen, solange sie auf das Getreide der Überschuß produzierenden Bauern angewiesen war (Male; Lorenz 1970; Lewin 1968; vgl. Bronger)?

Diese Schwierigkeiten wurden durch Probleme in anderen gesellschaftlichen Bereichen verschärft. Die wirtschaftliche und soziale Lage der Arbeiter hatte sich insgesamt während der NEP verbessert. Eine verhältnismäßig hohe Arbeitslosigkeit bei gleichzeitigem Bedarf an qualifizierten Facharbeitern wies jedoch auf strukturelle Mängel im Industrialisierungsprozeß hin (Meyer 1975). Die Hoffnung, ausländische Firmen würden sich in größerem Umfang zu einer – vom Staat kontrollierten – wirtschaftlichen Aktivität bereitfinden, hatte sich zerschlagen; das Mißtrauen der meisten Unternehmer gegenüber der Sowjetmacht war zu groß. Die Mittel, die über den Außenhandel für die Industrialisierung bereitgestellt werden konnten, schwankten und hingen stark von der jeweiligen Getreidebeschaffung ab. Die Beziehungen mit dem kapitalistischen Ausland hatten sich zwar seit 1921 normalisiert – wenngleich immer wieder Konflikte auftraten –, der Absatzmarkt für Waren aus der Sowjetunion war jedoch beschränkt. 1927 kam es darüber hinaus zu internationalen Spannungen, die die inneren Bedingungen der UdSSR beeinflußten: Großbritannien brach die diplomatischen Beziehungen ab, das Verhältnis zu Frankreich war einer schweren Belastungsprobe ausgesetzt, der sowjetische Vertreter in Polen wurde ermordet, die sowjetische China-Politik endete in einem Fiasko. Die Gefahr eines neuen

Krieges schien zu drohen; bis heute ist umstritten, wie real sie war und in welchem Ausmaß sie die inneren Umwälzungen in der Sowjetunion beeinflußt hat (Geyer, in: Osteuropa-Handbuch, Außenpolitik, S. 52–61; Eichwede, ebd., S. 205–212).

Die Labilität des gesellschaftlichen Systems der UdSSR im Innern wie nach außen spiegelte sich in den heftigen Kontroversen innerhalb der Kommunistischen Partei. Auf dem X. Parteitag 1921 war ein Fraktionsverbot beschlossen worden, um in dieser schwierigen Situation als Einheit, ohne die Gefahr der Parteispaltung, auftreten zu können. Dieser Beschluß wirkte sich allerdings, vor allem nach Lenins Tod, oft nachteilig auf die innerparteiliche Diskussion aus. Diese entzündete sich an der Industrialisierungs- und Agrarpolitik, an der Haltung zur internationalen revolutionären Bewegung, an der Bürokratisierung von Partei und Sowjet. In wechselnden Konstellationen unterlag bis 1927 die »linke« bzw. »vereinigte Opposition« (die mit den Namen Trotzki, Sinowjew und Kamenew verbunden ist), bis 1929 dann auch die sogenannte »rechte Abweichung« um Bucharin und Rykow. Seit 1929 blieb eine Führungsgruppe um den Generalsekretär der Partei, Stalin, von bedeutender offener Opposition unangefochten (Daniels; Deutscher 1962–1963; Die linke Opposition).

Möglicherweise konnte sich die Gruppe um Stalin innerhalb der Partei deshalb durchsetzen, weil die Masse der Parteimitglieder in der wirtschaftlichen Krise nach dem Schock der Getreidebeschaffungsergebnisse von 1927 die innerparteilichen Auseinandersetzungen beendet sehen wollte. War ihr vorher die »linke« Politik einer höheren Belastung der reicheren Bauern als zu riskant erschienen, so glaubte sie jetzt, daß die »rechte« Politik der vorsichtigen, proportionalen Entwicklung im Rahmen eines »dynamischen wirtschaftlichen Gleichgewichts« unzureichend war. Der Boden für »außerordentliche Maßnahmen« war bereitet: die reicheren Bauern mußten 1927 Requisitionen der Getreideüberschüsse, Einschränkungen ihrer politischen Rechte, Steuererhöhungen u.ä. hinnehmen. Zwar kehrte die Regierung zunächst wieder zu den Prinzipien der NEP zurück, um aber 1928 bei erneut auftretenden Schwierigkeiten die Maßnahmen wieder aufzugreifen und bis 1929 den privaten Markt fast vollständig abzuschaffen. Die ökonomische Basis der Kulaken wurde dadurch zerstört. Diese Veränderung bedrohte jedoch zugleich die Existenz der ärmeren Bauern, die auf Inventar und Getreide der reicheren angewiesen waren. Aus Not setzte eine Massenbewegung in die propagierten Kollektivwirtschaften ein, die der Regierung und Partei zeitweise außer Kontrolle geriet und zunächst überwiegend nicht konsolidiert werden konnte. Ende 1929 wurde offiziell die Kollektivierung der Landwirtschaft beschlossen und in den folgenden Jahren – häufig gegen den Widerstand der Bauern, unter Zuhilfenahme von Zwangsmitteln – durchgeführt. Dazu gehörte auch die »Liquidierung des Kulakentums als Klasse«. Diese Kampagne dauerte von Anfang 1930 bis Mai 1932 und beinhaltete die Bestrafung, Ausweisung in Randgebiete und Umsiedlung von Kulaken, die sich gegen die Maßnahmen der Regierung gewandt hatten; zahlreiche von ihnen kamen dabei um. Die Partei gab selbst Gewaltanwendungen, Fehler und Überspitzungen, auch gegenüber Nicht-Kulaken, zu (Lewin 1968; Lorenz 1970; Ivnickij; Trifonov).

Bis Mitte 1932 waren drei Viertel des Anbaufläche kollektiviert. Der erste Fünfjahresplan (1928-1932), der im April 1929 verabschiedet worden war, hatte lediglich ein Sechstel vorgesehen. Das Tempo überstieg die damaligen organisatorischen und materiell-technischen Möglichkeiten, so daß ein Rückgang der Produktivität unvermeidlich war. Die Begleitumstände der Kollektivierung, der Klassenkampf auf dem Land sowie zwei schlechte Ernten 1931 und 1932 führten 1933 zu einer furchtbaren Hungersnot, der wahrscheinlich Millionen Menschen zum Opfer fielen (Nove 1972, S. 176-181). Das Bewußtsein der Bauern wurde durch diese Umwälzung nachhaltig beeinflußt.

Die grundlegende Umgestaltung der Landwirtschaft traf mit einer beschleunigten Industrialisierung zusammen (insgesamt: Carr/Davies; Zaleski 1971). Der erste Fünfjahresplan, der über vorher erarbeitete Entwürfe hinausging, sah die Konzentration der Mittel auf einige wichtige Zweige der Produktionsmittelindustrie vor. Der Rahmen eines »wirtschaftlichen

Gleichgewichts« wurde verlassen, wenngleich noch gewisse Proportionen eingehalten wurden. Während der Laufzeit des Plans wurden sie jedoch weitgehend durchbrochen und die Schwerpunktverlagerung auf einige Industriebereiche noch verstärkt. Auf diese Weise kam es zu Engpässen in der Konsumgüterindustrie, im Bau- und Verkehrswesen, zu Disproportionen, zu mangelhaften Abstimmungen zwischen den einzelnen Industriezweigen, zur Verschwendung von Ressourcen. Trotz Übererfüllung des Plans in den Prioritätsbereichen wurden seine Ziele insgesamt – wie auch neuere sowjetische Berechnungen zeigen – nicht erreicht. Mit den beiden folgenden Fünfjahresplänen gelang es jedoch, die Wirtschaft wieder zu konsolidieren, wenngleich sich einige Disproportionen erhielten.

Bis zur Mitte der dreißiger Jahre hatte sich somit die sowjetische Gesellschaft entscheidend verändert. Der Anteil der Produktionsmittelindustrie an der Produktion der Gesamtindustrie war von 33 Prozent (1927/28) auf 58 Prozent (1937) gestiegen. Die Zahl der Industriearbeiter hatte sich im gleichen Zeitraum mehr als verdoppelt; seit 1931 gab es keine offene Arbeitslosigkeit mehr. Das Analphabetentum war weitgehend beseitigt. Privates Eigentum an Produktionsmitteln existierte nur noch in geringem Maße. Die fast vollständig kollektivierte Landwirtschaft war in die Planwirtschaft eingegliedert. Die Produktion ging wieder aufwärts. Maschinen- und Traktorenstationen versorgten die Betriebe mit Inventar. Ein Musterstatut (1935) regelte die Bodenbewirtschaftung, die Rechte der Mitgliederversammlung und der Kolchosleitung, die Verteilung der Einkünfte, die Arbeitsorganisation und die private Nebenwirtschaft, die jedem Bauern blieb (Jasny 1949/1961; Brunner/Westen, S. 129–140).

Nach sowjetischer Periodisierung (z.B. Berchin) trat die UdSSR 1937 in die Phase des Sozialismus ein. Der Kapitalismus und alle Ausbeuterklassen seien verschwunden gewesen, die Kleinproduktion in das Planungssystem integriert, die materiellen Voraussetzungen für den Sozialismus geschaffen worden; die Durchsetzung des Äquivalenzprinzips – gleichwertiger

Austausch, Bezahlung nach tatsächlicher Leistung – sei nun möglich geworden. Damit kann natürlich nur der Beginn einer neuen Phase gemeint sein, denn dem Sozialismus widersprachen nicht nur die Mängel bei der Planung, die niedrige Arbeitsproduktivität und die hohen Selbstkosten. In der Landwirtschaft etwa wurde das Äquivalenzprinzip auch nach Abschluß der Kollektivierung mißachtet, indem die Regierung das Einkommen der Bauern niedrig hielt, um mehr Mittel für die Industrialisierung freizuhaben. Erst kurz vor dem Zweiten Weltkrieg wurde mit Verbesserungen begonnen. Auch die strenge Arbeitsdisziplin in Industrie und Landwirtschaft, Behinderungen der Sowjet-Demokratie, Bürokratismus, ungesetzliche Maßnahmen und ähnliche Erscheinungen, die die Verfassung von 1936 – juristischer Ausdruck der neuen gesellschaftlichen Stufe – häufig zur Farce werden ließ, wiesen auf erhebliche Widersprüche hin.

Nach außen hin am sichtbarsten wurden diese Widersprüche in den Prozessen Anfang der dreißiger Jahre gegen Wirtschaftsfachleute, die anderen Parteien angehörten oder nahestanden, und vor allem in den »Säuberungen« zwischen 1936 und 1938. Dabei wurden Mitglieder der KPdSU – darunter viele alte Revolutionäre –, Arbeiter, Angestellte, Bauern, Wirtschaftsfachleute und Offiziere der Roten Armee massenhaft zu unhaltbaren Anschuldigungen verhört, gefoltert und unberechtigt verurteilt, erschossen oder in Arbeitslager deportiert. Die ökonomischen und militärischen Schäden dieser Verbrechen sind kaum abzuschätzen; bis heute wirken sie sich verheerend auf die internationale kommunistische Bewegung aus. Sie müssen auf dem Hintergrund der radikalen, oft turbulenten und chaotischen Umwälzungen der Gesellschaft gesehen werden, wo überall Verantwortliche für die auftretenden Fehler gesucht wurden, wo man Sabotage und Spionage des Klassengegners befürchtete. Aber auch die Furcht Stalins vor Opposition, überhaupt seine Person, müssen zur Erklärung herangezogen werden (Conquest).

Die Säuberungen sind ein Teil jener Erscheinungen, für die sich die Bezeichnung Stalinismus eingebürgert hat. Kennzeichen dieses Systems sind unumschränkte Macht Stalins, Aufhebung der innerparteilichen Demokratie, Über-Zentralisierung des öffentlichen und wirtschaftlichen Lebens und zugleich Voluntarismus, ja Irrationalismus der Entscheidungen, Verschärfung der Arbeitsverfassung, Terror gegenüber weiten Kreisen der Bevölkerung, Dogmatismus im Denken, Unterdrückung nichtrussischer Nationalitäten der UdSSR. Die Ursachen dieses Systems werden unterschiedlich erklärt. In der Sowjetunion, wo seit dem XX. Parteitag 1956 begonnen wurde, die Repressalien zur Zeit Stalins offenzulegen und die Opfer zu rehabilitieren – dieser Prozeß ist bei weitem noch nicht abgeschlossen –, betont die Forschung den »Personenkult« um Stalin, durch den die Regeln des Parteilebens verletzt worden seien und der Stalin die Verbrechen ermöglicht habe (vgl. Kul't ličnosti Stalina, in: Sovetskaja Istoričeskaja Ėnciklopedija t. VIII, 1965, Sp. 272–277). Nicht nur die Person Stalins, sondern auch die Bürokratisierung der Partei und die Wirkung der unbestreitbaren Erfolge bei der Industrialisierung werden in einer Arbeit, die in der UdSSR selbst nicht erscheinen konnte, für den Stalinismus verantwortlich gemacht (Medwedew). Auch in der westlichen Forschung sind inzwischen viele Elemente untersucht worden, die die Herausbildung der Herrschaft Stalins begünstigten, ist auf die Zusammenhänge von Industrialisierung und Kollektivierung, internationaler Lage und innerparteilichen Kämpfen, Veränderungen der Sozialstruktur und Terror hingewiesen worden (vgl. z.B. Carr; Nove 1975). Neuerdings sind auch die Prägungen durch die ersten Jahre nach der Oktoberrevolution, besonders durch den Krieg, die Spannung zwischen den Ideen der Bolschewiki und der sozialen Wirklichkeit sowie die Spannung zwischen den revolutionären Veränderungen in Politik und Ökonomie und der Kontinuität der ländlichen Sozialstruktur beschrieben worden (Pethybridge). Werner Hofmann hat den Stalinismus aus den Bedingungen der nachholenden Industrialisierung innerhalb einer feindlichen Umwelt zu erklären versucht, die eine autoritäre Herrschaft notwendig gemacht habe; diese wiederum habe die besondere Form der Herrschaft Stalins ermöglicht (Hofmann 1956/1967). Darin liegt sicher eine gewisse Logik, aber dabei wird nicht genügend diskutiert – auch wenn Hofmann sich gegen Determinismus wehrt –, ob Alternativen zu dieser Entwicklung denkbar waren und warum sie sich nicht durchgesetzt haben.

Die weitere Forschung wird sich vielleicht von dem Begriff Stalinismus lösen, zumindest aber die Fragestellung präzisieren. Der Blick kann verstellt werden, wenn er sich für eine ganze Epoche (1929–1953) nur auf eine Person, ihre Handlungen und deren Folgen konzentriert. Das tägliche Leben der Bevölkerung, Initiativen der Arbeiter, die hofften, jetzt bald den Sozialismus erreicht zu haben, und ohne die die Industrialisierungserfolge nicht erzielt worden wären (vgl. Industrializacija), all das muß mit berücksichtigt werden. Der Stalinismus-Begriff ist darüber hinaus durch die politische Auseinandersetzung zur Zeit des »Kalten Krieges« belastet, als man ihn im Rahmen der Totalitarismus-Theorie auf Grund ähnlicher Formen der Machtausübung (z.B. führende Rolle einer Person, Einparteiensystem, ungesetzliche Handlungen der Geheimpolizei) mit dem Faschismus gleichsetzte. Die jeweils verschiedenen Ausgangspunkte, sozialen Inhalte und Ziele werden dabei ebensowenig beachtet wie die konkreten Entstehungsursachen (Hofmann 1967; Greiffenhagen/Kühnl/Müller).

Der Zweite Weltkrieg bedeutete einen tiefen Einschnitt in die gesellschaftliche Entwicklung. Alle Versuche der Regierung, die UdSSR aus dem Weltkrieg herauszuhalten – zu denen auch der Nichtangriffspakt vom 24. 8. 1939 mit dem Deutschen Reich gehörte –, schlugen fehl: Am 22. 6. 1941 fielen deutsche Truppen in die Sowjetunion ein. Der laufende dritte Fünfjahresplan mußte abgebrochen werden. Innerhalb eines Jahres gelang es, die Wirtschaft nach einem speziellen Kriegswirtschaftsplan auf die neuen Bedürfnisse umzustellen, Industrien aus bedrohten Räumen (Ukraine, Moskau) in den Osten (Ural, Westsibirien) zu verlegen und dort neue Rohstoffquellen und Industriegebiete zu erschließen. Die militärischen und wirtschaftlichen Anstrengungen bewiesen die organisatorische Kraft des Systems und die Einsatzbereitschaft der sowjetischen Bevölkerung. Die Rüstungsindustrie nahm ab Herbst 1942 einen raschen Aufschwung. Landwirtschaft und Konsumgüterindustrie wurden jedoch erneut arg in Mitleidenschaft gezogen. Der Sieg über das Deutsche Reich und seine Verbündeten, an dem die Sowjetunion entscheidenden Anteil hatte, wurde mit ungeheuren Verlusten erreicht: zwanzig Millionen Tote, zahllose Verletzte und Invaliden, verwüstete Städte, Dörfer und Industriebetriebe, fast 680 Milliarden Rubel materielle Schäden (Geschichte des Gr. Vaterl. Krieges; Wosnessenskij; Sov. tyl).

Gleich nach Kriegsende 1945 begann der Wiederaufbau der Volkswirtschaft, der sich im Rahmen des vierten Fünfjahresplanes bis 1950 vollzog. In den meisten Bereichen konnte schon bis Ende der vierziger Jahre der Vorkriegszustand wieder eingeholt werden (Jasny 1961). Die Bedingungen für den Wiederherstellungsprozeß wurden erschwert durch eine Veränderung der internationalen Konstellation. Zwar wurden einige Volksdemokratien errichtet, die mit dem Aufbau des Sozialismus begannen, der Bruch der Kriegskoalition und der Beginn des »Kalten Krieges« zwischen dem sozialistischen und kapitalistischen »Lager« verschärften jedoch die internationalen Spannungen. Mehrmals drohte der Ausbruch eines neuen Krieges. Eine Fortsetzung der Rüstungsanstrengungen, die zu Lasten der Produktion für friedliche Zwecke gehen mußte, war die Folge (vgl. Osteuropa-Handbuch, Außenpolitik).

Dennoch sah es zu Beginn der fünfziger Jahre so aus, als ob die sowjetische Wirtschaft – falls ein neuer kriegerischer Konflikt ausblieb – kontinuierlich und schnell wachsen, Produktion und Lebensstandard der führenden kapitalistischen Staaten in absehbarer Zeit einholen und damit der ökonomische »Wettstreit der Systeme« endgültig zugunsten des Sozialismus entschieden würde. Um so überraschender kam für sowjetische Ökonomen und Politiker wie für westliche Beobachter ein Sinken der Wachstumsraten, das vor allem gegen Ende der fünfziger Jahre eine bedrohliche Tendenz annahm. Bedenklich mußte vor allem die zurückgehende Produktivität der Investitionen und die verlangsamte Steigerung der Arbeitsproduktivität stimmen. Die bisherige Wirtschaftspolitik hatte ihre Grenze erreicht. Das Verhältnis von Akkumulation und Konsumtion war nicht mehr aufrecht zu erhalten. Die Methoden der Planung und der Wirtschaftsverwaltung mußten verfeinert werden (Lewin 1974, S. 127 ff.). Auch die Landwirtschaft blieb immer mehr hinter den gesteckten Zielen zurück. Das System der Erfassung von Agrarprodukten, der Preise und Löhne sowie der Bewirtschaftungsmethoden erwies sich für Verbesserungen als ungeeignet.

Nach Stalins Tod 1953 begann eine Welle von Reformversuchen, die meist von heftigen innerparteilichen Kontroversen begleitet war, in denen sich schließlich Chruschtschow, seit 1953 an der Spitze der Partei, seit 1958 auch Ministerpräsident, durchsetzte (Linden). Mehrere einschneidende Maßnahmen wurden ergriffen. Die Einkommen der Bauern in Kollektivwirtschaften näherten sich nun denen der Landarbeiter in Sowjetgütern; der Unterschied zu den Löhnen in der Industrie verringerte sich allmählich. Die Maschinen- und Traktorenstationen wurden 1958 aufgelöst, das Inventar den Kollektivwirtschaften übergeben. Eine ausgedehnte Neulandgewinnung wurde in Angriff genommen. Der sechste Fünfjahrplan, der seit 1956 lief, wurde 1957 verändert und dann durch einen Siebenjahrplan (1959–1965) ersetzt, 1956–1957 die Wirtschaftsverwaltung radikal dezentralisiert. Ende der fünfziger und Anfang der sechziger Jahre erfolgte eine grundlegende Reform des industriellen Lohnsystems. Das hing auch damit zusammen, daß inzwischen der Ausbildungsstand der Arbeiter gestiegen war. Der Massenzustrom ungelernter Arbeiter aus der Landwirtschaft in die Industrie hatte aufgehört, obwohl Ende der fünfziger Jahre immer noch erst die Hälfte der Bevölkerung in Städten lebte (Nove 1972, S. 322 ff.; zum Agrarbereich: Ploss; zur Arbeiterklasse: Senjawski/Telpuchowski).

Die Ergebnisse der Maßnahmen blieben hinter den Erwartungen zurück. Die Landwirtschaft stagnierte weiter, da sie die organisatorischen Umstellungen nur mühsam verkraftete. Die neue Wirtschaftsverwaltung zeigte sich den auftretenden Schwierigkeiten nicht gewachsen. Der technologische Fortschritt verzögerte sich. Neue Reformen suchten eine Verbindung zwischen dem Abbau administrativer Methoden, der Erhöhung der betrieblichen Effektivität und zugleich der Stärkung des Parteieinflusses im Betrieb. Die Parteifunktionäre sollten mehr als früher auch ökonomische Spezialisten sein (Conyngham; Zaleski 1967; Hough). Wirtschaftsreform und Parteireform standen in einem engen Zusammenhang; das Parteiprogramm – mit dem der Aufbau des Kommunismus eingeleitet werden sollte (Meissner) – und das Parteistatut von 1961 (Brunner) sind Ausdruck davon. Der Erfolg stellte sich wiederum nicht im gewünschten Ausmaß ein. Die Ziele des Siebenjahresplanes wurden in vielen Bereichen nicht erfüllt (Nove 1972, S.353; insgesamt zum Wirtschaftssystem vor 1965: Osteuropa-Handbuch, Wirtschaftssystem). Im Oktober 1964 mußte Chruschtschow von seinen Ämtern zurücktreten.

Die entscheidende Wirtschaftsreform wurde im Herbst 1965 eingeleitet. Die Zahl der Kennziffern, die im Plan den Betrieben vorgegeben wird, verringerte sich stark. Die Wirtschaftsverwaltung wurde wieder mehr zentralisiert, gleichzeitig aber erhielten die Betriebe mehr Rechte und die Arbeiter größere Mitwirkungsmöglichkeiten (Vogel/Kontetzki/Schütterle; Fedorenko u.a.; Grundlagen; Wirtschaftsordnungen). Weitere Reformen folgten, die auch auf die Landwirtschaft übergriffen. Die neue Ordnung der Kollektivwirtschaft von 1969 ist ihr juristischer Ausdruck (Brunner/Westen, S. 147–164). Die Wirtschaftsreformen seit 1965 waren vorbereitet und werden begleitet von einer außerordentlich intensiven Diskussion sowie von Reformexperimenten in ausgewählten Betrieben. Dabei wurde – in verschiedenen Varianten – betont, daß die administrativen Lenkungsmethoden die Probleme einer immer komplexer werdenden Wirtschaft nicht lösen könnten. Neben einer Verbesserung der zentralen Planung – etwa durch mathematische Ökonomie und Kybernetik – müßten eine Stärkung der lokalen Selbständigkeit und der horizontalen Verbindung zwischen den lokalen Wirtschaftseinheiten treten, ökonomische Hebel und Anreize – das Prinzip der »materiellen Interessiertheit« – die unmittelbare Einwirkung ersetzen. Nur so könne der Plan flexibel genug bleiben. »Optimale« Planung statt »maximaler« Produktion sollte das Ziel sein. Mehrere Autoren sahen einen Zusammenhang zwischen notwendigen Wirtschaftsreformen und notwendigen Reformen im allgemein-gesellschaftlichen Bereich: Die endgültige und konsequente Verwirklichung der vollen Gleichberechtigung von Bauern und Arbeitern, mehr Rechte der Werktätigen bei Planung und Leitung der Wirtschaft wurden gefordert, das allmähliche Absterben des Staates ins Auge gefaßt (Lewin 1974; Brus 1971/1972/1975; Kosta; Libermann; Socialist Economics).

Lewin rückt diese Diskussion in die Nähe der Industrialisierungsdebatte in den zwanziger Jahren, vor allem in die Nähe der Auffassung Bucharins. Es liegt nahe, daß sie – nach den starken Einschränkungen zwischen 1929 und 1953 – an den theoretischen Überlegungen, an der Entwicklung wirtschaftswissenschaftlicher Methoden sowie an den wirtschafts- und gesellschaftspolitischen Argumenten der damaligen Zeit anknüpft. Anknüpfungspunkte könnten jedoch auch in Diskussionen liegen, die 1920 – vielleicht mehr als in den folgenden Jahren – über Dezentralisierung der Verwaltung, horizontale Verbindungen, innerparteiliche und Sowjet-Demokratie geführt wurden, in enger Beziehung zu verfeinerten Planungsmethoden, zur revolutionären Umgestaltung der Gesellschaft, zum Inhalt des Sozialismus (Haumann 1974).

Die Wirtschaftsreformen verbesserten schnell das Niveau der sowjetischen Wirtschaft. Effizienz und Transparenz von Produktion, Verteilung und Verwaltung stiegen. Der Lebensstandard der Bevölkerung konnte erheblich erhöht werden. Die Arbeitsproduktivität nahm ebenfalls wieder stärker als in der vorangegangenen Periode zu (vgl. v. Beyme, S. 172ff.). Dabei waren die Betriebe, die die Reformen schon durchgeführt hatten, jeweils denen weit voraus, die noch nach dem alten System arbeiteten (vgl. Grundlagen, S. 79ff.). Nicht zu übersehen sind jedoch eine Reihe von Mängeln, die bei der Verwirklichung der Reform auftraten: die lange praktizierten Methoden der Planer, Administratoren und Betriebsleiter waren nicht von heute auf morgen umzustellen, viele konnten sich nur schwer an den neuen Arbeitsstil gewöhnen. Nach wie vor mindern vielfach administrative Eingriffe und bürokratische Kontrollen die Wirkung der Reformen. Schwierigkeiten gibt es auch noch bei der materiellen Versorgung der Betriebe; dieses System befindet sich in der Umstellung. Kompetenzüberschneidungen sind noch nicht völlig ausgeräumt (Libermann, S. 24–51).

Viele westliche Beobachter schließen aus dem Gang der Reformen, daß seit einiger Zeit ein konservativer Rückschlag zu bemerken sei (z. B. Lewin 1974, S. 185 ff., 249 ff.). Es mag sein, daß die Ereignisse in der Tschechoslowakei 1968 und in Polen 1970 sowie die Furcht von Parteifunktionären und Direktoren, an Einfluß zu verlieren, Bestrebungen bestärkt haben, die Reformen vorsichtiger durchzuführen. Dennoch ist die Interpretation des Rückschlages einseitig. Zwar ist die Industrieverwaltung durch den Beschluß vom März 1973, mehrere Firmen zu Produktionsvereinigungen zusammenzufassen, gestrafft worden, aber dadurch wurde an den Reformprinzipien nichts geändert. Die Rechte des Betriebes gegenüber den Zentralbehörden wie die Rechte der Werktätigen sind nicht wieder eingeschränkt worden. Neuerdings wird über die Verbesserung der Planung auf der Ebene des Rayon-Sowjets diskutiert (vgl. UdSSR, S. 417–422; Ėkonomičeskaja gazeta 1975, Nr. 23, 34, 43). Dadurch sollen die horizontalen Verbindungen gestärkt werden – und auf dieser Ebene können die Bedürfnisse und Initiativen der Bevölkerung eher einfließen als im zentralen Planungsapparat.

Die Reform der sowjetischen Wirtschaft mit ihren Auswirkungen auf die Gesamtgesellschaft ist noch nicht abgeschlossen. Das Ausbildungsniveau eilt den Beschäftigungsmöglichkeiten voraus. Das spricht zwar für das sowjetische Bildungssystem, zeigt aber auch, daß hier noch Potential brachliegt (Zänker 1973: Polytechn. Erziehung). Der Verlauf des IX. Fünfjahrplanes (1971–1975) weist auf immer noch bestehende Probleme hin. Seine ursprünglichen Vorhaben konnten nicht ganz erfüllt werden. Wiederum hinken gerade die Ergebnisse beim Wachstum der Arbeitsproduktivität (dazu v. Beyme, S. 172–181) und der Konsumgüterproduktion hinter den Zielen her. Am meisten Sorge bereitet allerdings nach wie vor die Landwirtschaft. Trotz gewaltiger Verbesserungen im Mechanisierungsgrad, in der Düngemittelverwendung und im Einkommen der Kollektiv- und Sowjetwirtschaften produziert der Agrarbereich auch heute noch weit unter dem Niveau der führenden kapitalistischen Staaten (Lewin 1974, S. 347–348; vgl. Ambarzumow). Das liegt in bedeutendem Maße an den schwierigen geographischen und klimatischen Bedingungen der UdSSR; die Mißernte von 1975 hat die gesamte Wirtschaft arg in Mitleidenschaft gezogen. Spürbar sind aber auch Nachwirkungen der historischen Entwicklung und Fehler bei der Durchführung der Reform.

Im X. Fünfjahrplan (1976–1980) sind die geplanten Wachstumsraten niedriger angesetzt worden. Im Vordergrund der Bemühungen steht eine Verbesserung der Produktqualität. Im Produktionsmittelsektor werden wieder – im Unterschied zum Ansatz des vorangegangenen Planes – höhere Steigerungsraten als im Konsumgütersektor vorgesehen. Dadurch sollen jedoch gerade die Voraussetzungen für dessen Stärkung geschaffen werden, weil sich offenbar herausgestellt hat, daß seine Kapazitäten für ein schnelleres Wachstum noch nicht ausreichen (Ėkonomičeskaja gazeta 1976, Nr. 11).

III. Die Wirtschaftsverfassung der Sowjetunion

Grundlage der institutionellen und organisatorischen Bedingungen, unter denen sich in der UdSSR wirtschaftliche Tätigkeit und wirtschaftliche Entwicklung abspielen, ist das Planungssystem, das praktisch alle Bereiche der sowjetischen Volkswirtschaft umfaßt. Lediglich die Privatwirtschaften der Bauern und kleinen Gewerbetreibenden sind nicht darin einbezogen, obwohl deren Arbeit sicher mitberücksichtigt wird. Im übrigen ist seit den dreißiger Jahren das Privateigentum an Produktionsmitteln ausgeschlossen, sie sind Volkseigentum oder gehören den Kollektivwirtschaften und Genossenschaften (nach Art. 4, 5, 9, 10 der Verfassung von 1936, in: Staatsordnung). Dadurch wird eine einheitliche Planung wesentlich erleichtert, zugleich tauchen Fragen und Schwierigkeiten auf, die eine kapitalistische Marktwirtschaft nicht kennt. Der Unternehmer ist verschwunden, der Arbeiter braucht seine Arbeitskraft nicht mehr als Ware auf dem Markt zu verkaufen, die Preise werden primär weder durch das Spiel von Angebot und Nachfrage noch durch Absprache zwischen einzelnen Unternehmen bestimmt, der Staat hat nicht nur die Funktion, die Rahmenbedingungen der wirtschaftlichen Entwicklung zu sichern, und greift daher nicht nur durch Zusammenarbeit mit einzelnen Unternehmen, durch steuerliche oder kreditpolitische Mittel, durch Konjunkturprogramme oder Förderung wirtschaftsschwacher Gebiete und Branchen in den Wirtschaftsprozeß ein.

Als nach der Oktoberrevolution allmählich ein Planungssystem geschaffen wurde, betraten die Ökonomen theoretisch wie praktisch Neuland. Lange Zeit wurde ihre Arbeit dadurch erschwert, daß sich der private Sektor der Volkswirtschaft, der sich in der Landwirtschaft, im Handel und in der Kleinindustrie konzentrierte, kaum planen ließ. Er erwirtschaftete 1925/26 immerhin 54 Prozent des Nationaleinkommens; seit Ende der dreißiger Jahre liegt dieser Satz unter 1 Prozent (Nove 1972, S. 137; Lehrbuch, S. 103). Die ersten Planungskommissionen im Obersten Volkswirtschaftsrat, die Staatliche Kommission für die Elektrifizierung Rußlands (GOELRO), die 1920 den ersten langfristigen Gesamtwirtschaftsplan entwarf, und die aus ihr 1921 entstandene Staatliche Plankommission (Gosplan) waren kleine Behörden mit überwiegend nichtkommunistischen Fachleuten unter Leitung von Parteimitgliedern; nach Bedarf zogen sie weitere Experten zur Beratung heran. Daraus ergab sich auch die Planungsmethode: Die Fachleute, die oft schon vor der Revolution wichtige ökonomische Funktionen innegehabt hatten, erarbeiteten auf Grund ihrer Kenntnisse und des vorhandenen statistischen Materials den Stand der Volkswirtschaft im letzten »regulären« Wirtschaftsjahr 1913, verglichen ihn mit den Ergebnissen des laufenden Wirtschaftsjahres, berechneten die Trends der wirtschaftlichen Entwicklung vor dem Ersten Weltkrieg und den Einfluß neuer Faktoren, wie die Auswirkungen von Krieg und Bürgerkrieg, einer schnellen Elektrifizierung und der revolutionären Arbeitsenergie des Proletariats. Daraus leiteten sie dann unter Zugrundelegung statischer und dynamischer Koeffizienten Prognosen der zukünftigen Entwicklung ab. Es ist erstaunlich, wie bereits 1920 Ansätze einer mathematischen Ökonomie und einer Bilanzierung der Volkswirtschaft sichtbar wurden. Dabei ging man ursprünglich teilweise von Materialbilanzen aus und strebte an, durch die Einführung von Arbeitseinheiten die Geldrechnung überflüssig zu machen (Haumann 1974). In der Zeit der Neuen Ökonomischen Politik wurden diese Methoden, jetzt auf der Basis der Geldrechnung, verfeinert. Das Anfang der zwanziger Jahre erarbeitete Bilanzierungsmodell ist z.B. bis heute Vorbild der Bilanzierungen in sozialistischen wie in kapitalistischen Ländern. Seit 1925 wurden immer genauere Jahrespläne (»Kontrollziffern«) erstellt und dann auch mehrere Fünfjahrpläne entworfen, die von unterschiedlichen methodologischen Positionen ausgingen (Pollock; Carr/Davies).

Von den dreißiger bis in die fünfziger Jahre war die intensive und auf hohem Niveau geführte Methodendiskussion unterbrochen. Die starren Planvorgaben fußten kaum noch auf dem vorher entwickelten Instrumentarium, sondern wurden häufig durch ziemlich willkürliche Entscheidungen festgesetzt. Bestrebungen während des »Kriegskommunismus« und der Neuen Ökonomischen Politik, wenigstens ansatzweise die Werktätigen selbst an der Planung zu beteiligen, wurden nun von einer fast vollständig administrativen Planung abgelöst. Als dann in den fünfziger Jahren offenkundig wurde, daß mit diesem System die ökonomischen Probleme nicht gelöst werden konnten, knüpfte man in Diskussion, Methodologie und Organisation an die Erfahrungen der zwanziger Jahre an. Mathematische Ökonomie, Bilanzierung, Kybernetik haben die Planungsverfahren schnell verbessert, das Planungssystem ist insbesondere seit den Reformen von 1965 flexibler geworden.

Die wichtigste Neuerung war die erhebliche Reduzierung der »Kennziffern«, die den Betrieben zentral vorgegeben werden. Statt der Bruttoproduktion wird der tatsächliche Absatz festgelegt und damit der Qualität der Waren ein hoher Wert eingeräumt. Die Indikatoren Gewinn und Rentabilität sollen die wirtschaftliche Rechnungsführung verbessern. Bestimmt werden weiter die hauptsächlichen Produktionsrichtungen, der Lohnfonds, Abführungen an den Staatshaushalt und Zuwendungen aus ihm, der Umfang der zentralisierten Investitionen, Auflagen zur Einführung der neuen Technik und die materielltechnische Versorgung. Innerhalb dieser Kennziffern ist der Betrieb frei. Er kann jetzt z.B. selbständig über die Arbeitsproduktivität, die Zahl der Arbeitskräfte, den Durchschnittslohn und die Prämien entscheiden, er kann vertragliche Direktbeziehungen mit anderen Betrieben eingehen und über bestimmte finanzielle Fonds verfügen (Vogel/Kontetzki/Schütterle).

Von westlichen sozialistischen Kritikern der sowjetischen Gesellschaft wird immer wieder bemängelt, daß mit den Wirtschaftsreformen kapitalistische Prinzipien – wie sie etwa in den Kategorien Gewinn und Rentabilität sowie den Ware-Geld-Beziehungen zum Ausdruck kämen – verstärkt worden seien (Kosta/Meyer/Weber; vgl. VI. Kapitel). Von sowjetischer Seite wird dagegen argumentiert, daß die Phase kommunistischen Wirtschaftens noch nicht erreicht sei. Dazu reiche der Umfang der Produktion noch nicht aus, die Planung und Verwaltung der Volkswirtschaft durch die Werktätigen selbst seien noch nicht weit genug gediehen, die Unterschiede zwischen Stadt und Land, die Ungleichheit der Arbeit sowie eine teilweise Isoliertheit der einzelnen Betriebe und sonstigen Wirtschaftseinheiten noch nicht vollständig beseitigt. Das, was marxistisch unter dem Begriff Wertgesetz erfaßt wird – im Kapitalismus ein blindwirkender Regulator von Produktion und Distribution auf der Grundlage des Tauschwertes der Waren, der wiederum auf dem gesellschaftlich notwendigen Arbeitsaufwand beruht –, müsse auch im Sozialismus berücksichtigt werden, weil noch Elemente von Warenproduktion vorhanden seien, weil Kauf und Verkauf auf die Produktion einwirkten. Allerdings habe das Wertgesetz nicht mehr diese wichtige, bestimmende Funktion wie im Kapitalismus und setze sich auch nicht blindwirkend durch. Das Planungssystem schränke den Warencharakter der Produktion ein, erlaube die Kontrolle des Wertgesetzes, sein »Ausnutzen« und auch das bewußte Abweichen davon. Unter Berücksichtigung des Wertgesetzes werde es gelingen, den Kommunismus schneller zu erreichen, in dem dann Wertgesetz und Warenproduktion endgültig verschwänden. Ebenso hätten die Kennziffern Gewinn und Rentabilität einen anderen Inhalt als im Kapitalismus: Sie seien nicht Ziel der Produktion, sondern Mittel – Plangrößen –, um das Ziel – die Befriedigung der Bedürfnisse der Menschen – zu erreichen. Der Gewinn dürfe nicht durch ungerechtfertigte Preiserhöhungen erzielt werden und diene auch dem Betrieb zur Verbesserung der Lebensverhältnisse der Werktätigen (Wohnungen, ärztliche Versorgung, kulturelle Angebote u. ä.), die Rentabilität werde also nicht auf Kosten der Bevölkerung erzielt (Libermann, S. 52ff.; Lehrbuch, S. 252ff.; Brus 1971; vgl. Dadajan; Fedorenko u. a.).

Planung in der UdSSR vollzieht sich in einem komplizierten System von zentralem Rahmenplan (langfristigem Generalplan, Fünfjahresplan, Jahresplan), Plänen für die einzelnen Territorien, Plänen für Wirtschaftszweige, Plänen für wirtschaftliche Teilbereiche (Investitionsplan, Finanzplan, Plan für Wissenschaft und Technik usw.) und betrieblichen Plänen. Die zentrale Planung obliegt dem Staatlichen Plankomitee des Ministerrats der UdSSR (Gosplan), das nach der Ordnung vom 9. 9. 1968 arbeitet, sowie den entsprechenden Komitees auf regionaler und lokaler Ebene. Das Plankomitee analysiert den jeweiligen Stand der Volkswirtschaft und bereitet die Entscheidung der höchsten Instanzen über die Hauptaufgaben der nächsten Zeit vor. Auf dieser Basis werden dann die Grundrichtungen für die künftige Produktion festgelegt; dabei werden bereits Vorschläge der unteren Wirtschaftseinheiten verwertet. Daraus entsteht der Planentwurf, der vom Zentralkomitee der KPdSU und vom Ministerrat der UdSSR verabschiedet und veröffentlicht wird. In den Betrieben, Kollektiv- und Sowjetwirtschaften, Instituten, in öffentlichen Versammlungen und in Zeitungen wird darüber diskutiert. Das Plankomitee prüft die eingegangenen Vorschläge und erarbeitet die Einzelpläne in Abstimmung mit den Betrieben, Behörden und Gewerkschaften. Der Oberste Sowjet erhebt schließlich den Plan zum Gesetz (bei Fünfjahrplänen ist im allgemeinen ein Parteitag der KPdSU zwischengeschaltet). Die einzelnen Wirtschaftseinheiten präzisieren dann den Plan für ihre Arbeit. Natürlich ist das kein harmonischer, problemloser Prozeß. Falsche Informationen, organisatorische Schwierigkeiten, unzureichende Erfassung der Bedürfnisse und dynamischer wirtschaftlicher Entwicklungen – um nur diese Faktoren zu nennen – tauchen auch unter dem neuen System auf; die Berechnungsmethoden müssen ständig überprüft werden. Einige Fragen werden im folgenden noch angesprochen (s. Schaubild; vgl. Ančiškin/Solovev; Bor; Ellmann).

In fast einem Drittel der Industriebetriebe (1975) werden darüber hinaus sogenannte »Gegenpläne« aufgestellt. Mit ihnen sollen nicht etwa die Produktionsrichtungen abgeändert, sondern die Kapazitäten und das Sortiment erweitert, andere Formen der Arbeitsorganisation erprobt, die Qualität der Produkte verbessert und Neuerungen eingeführt werden. Die Gegenpläne sind ausdrücklich als Anreiz für die Aktivität und Initiative der Arbeiter und Angestellten gedacht. Ihre Erfüllung wird prämiiert, eine Nichterfüllung zieht hingegen keine nach-

Vereinfachtes Schema der Planaufstellung in der UdSSR

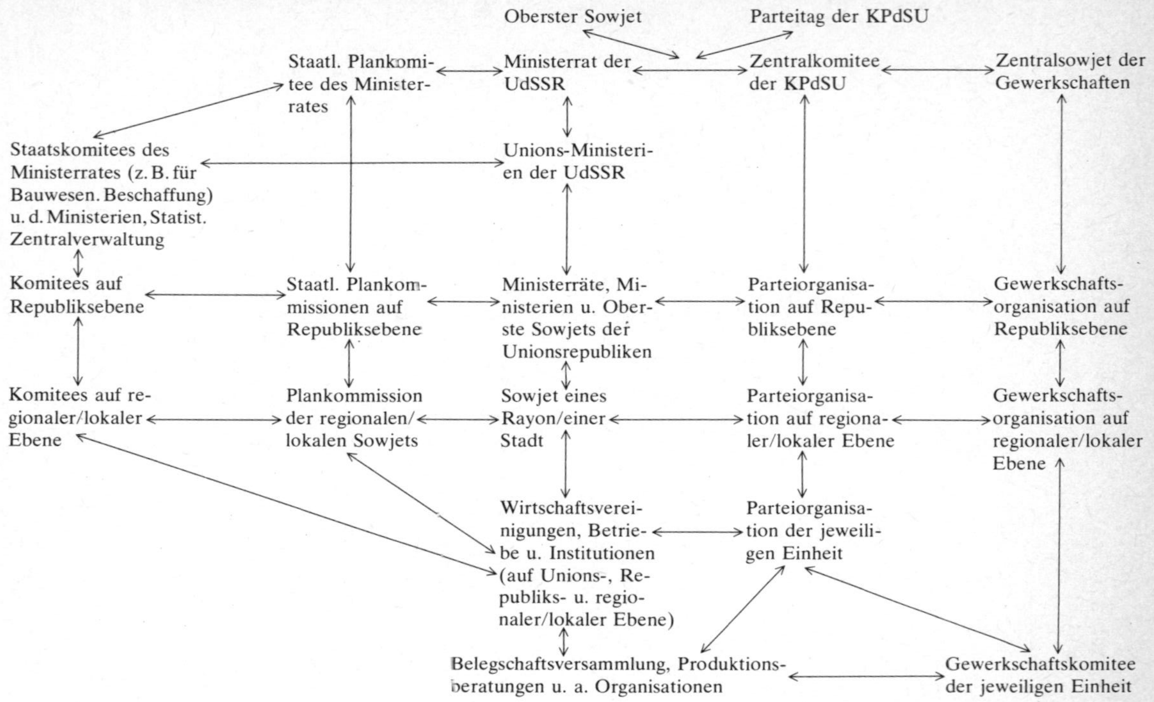

Das Schema ist nicht so zu verstehen, daß in jedem Fall der dargestellte Instanzenweg eingehalten werden muß; die Wirtschaftseinheiten können z. B. teilweise unmittelbar zu den höchsten Stellen in Beziehung treten.

teiligen materiellen Folgen nach sich, wenn die Kennziffern des eigentlichen Jahresplanes nicht unterschritten werden. Offenbar ist die Eingliederung der Gegenpläne in das gesamte Planungssystem nicht immer reibungslos vonstatten gegangen: Die notwendige Versorgung mit Rohstoffen und Materialien konnte in einigen Fällen nicht gewährleistet werden, in anderen wurde am Bedarf vorbeiproduziert. Im Augenblick wird eine neue Koordinierungsmöglichkeit erprobt (Sowjetunion 1974/75, S. 128–130). Hier zeigt sich, daß bei zunehmender Beteiligung der Werktätigen an der Planung, ja bei selbständiger Erarbeitung von betrieblichen Plänen – wenn auch innerhalb eines vorgegebenen Rahmens – die Abstimmung im gesamtgesellschaftlichen Maßstab schwieriger wird, daß dazu die überkommenen Methoden der Planaufstellung nicht mehr ausreichen.

Nach der Verordnung über den sozialistischen staatlichen Produktionsbetrieb vom 4. 10. 1965 und nach dem Gesetz über die Grundlagen der Arbeitsgesetzgebung von 15. 7. 1970 sind die Arbeiter und Angestellten an der Planung – wie auch an der Verwaltung des Betriebs – zu beteiligen. Ihre Organe sind – sieht man von der »Gegenplanbewegung« ab – die Belegschaftsversammlung, die Volkskontrolle, die Produktionsberatung und das Gewerkschaftskomitee. Gewisse Mitwirkungsmöglichkeiten haben auch die Gesellschaft der Erfinder und Rationalisatoren und andere wissenschaftlich-technische Gesellschaften, in denen zur Zeit rund 11 Millionen Werktätige organisiert sind. Die Betriebsverwaltung hat ihnen ausreichende Arbeitsmöglichkeiten zu schaffen und ihre Vorschläge sorgfältig zu prüfen. Diese spielen eine wichtige Rolle bei der Senkung der Selbstkosten und der Erhöhung der betrieblichen Effektivität; dadurch wird natürlich auch der Plan beeinflußt. Auf den Belegschaftsversammlungen, die erst seit einigen Jahren regelmäßig abgehalten werden, legen die Betriebsleitung, das Gewerkschaftskomitee und andere Organe Rechenschaft über ihre Tätigkeit ab. Die Arbeiter und Angestellten fassen dort Beschlüsse zur Entwicklung der Produktion, zur Verbesserung des Arbeitsschutzes, zur Festigung der Arbeitsdisziplin sowie zur materiellen und moralischen Stimulierung, deren Ausführung von der Gewerkschaft überwacht wird.

Die 6 Millionen Werktätigen, die in Organe der Volkskontrolle gewählt sind, beobachten – soweit sich ihre Tätigkeit auf wirtschaftliche Bereiche erstreckt – die Erfüllung der Pläne, suchen nach Produktionsreserven, unterstützen die Einführung einer wissenschaftlichen Arbeitsorganisation und den Kampf gegen Bürokratismus. Sie haben das Recht, alle Dokumente der Betriebsleitung einzusehen, Revisionen vorzunehmen und Anweisungen zu geben. Dabei arbeiten sie eng mit den Sowjets und den Gewerkschaften zusammen. Ebenfalls rund 6 Millionen Mitglieder haben die ca. 160000 Ständigen Produktionsberatungen. Solche Institutionen der Werktätigen bestanden bereits in einigen Betrieben während der Neuen Ökonomischen Politik und wurden in den fünfziger Jahren reaktiviert. In den letzten Jahren ist ihre Zahl beträchtlich gestiegen; am 18. 6. 1973 wurde eine neue Grundordnung erlassen, die ihre Rechte wesentlich erweiterte. Danach werden als Mitglieder auf der Belegschaftsversammlung Vertreter der Arbeiter und Angestellten, der Betriebsleitung, des Parteikomitees, des Gewerkschaftskomitees, des Komitees des Kommunistischen Jugendverbandes, der Räte der wissenschaftlich-technischen Gesellschaften und der Gesellschaften der Erfinder und Rationalisatoren gewählt. Die Produktionsberatung nimmt am unmittelbarsten an Ausarbeitung, Durchführung und Kontrolle der Pläne sowie an der Verwaltung des Betriebes teil. Eine wichtige Funktion wird auch darin gesehen, den Arbeitern und Angestellten die Pläne zu erläutern, ihre Vorschläge entgegenzunehmen, ihre Fähigkeit zum Leiten und Wirtschaften zu entwickeln und sie an den Ergebnissen ihrer Arbeit und der Produktion überhaupt zu interessieren. Die Betriebsleitung hat die Produktionsberatung in jeder Beziehung zu unterstützen und ihre Beschlüsse auszuführen. In Konfliktfällen tritt das Gewerkschaftskomitee, das auch die Arbeit der Produktionsberatung leitet, als Vermittler auf. Die Produktionsberatung hat das Recht, sich an übergeordnete Instanzen zu wenden. Sie tagt mindestens einmal im Vierteljahr und muß mindestens einmal pro Jahr der Belegschaftsversammlung Bericht erstatten, die einzelne Mitglieder vorfristig abberufen und ersetzen kann. Die Wirksamkeit der Teilnahme von Arbeitern an der Produktionsverwaltung und an der Arbeitsorganisation wird dadurch erhöht, daß neuerdings auch unterhalb der betrieblichen Ebene, etwa in Brigaden, Produktionsberatungen oder Räte gebildet werden können (vgl. Ekonomičeskaja gazeta 1976, Nr. 5, S. 24).

Die entscheidende Bedeutung des betrieblichen Gewerkschaftskomitees – wie der Gewerkschaften überhaupt – wird aus diesen Gesetzen und Verordnungen deutlich. Das Komitee ist praktisch in allen Fragen, die im Betrieb entschieden werden und die darüber hinaus die Werktätigen angehen, eingeschaltet. Es organisiert deren gesellschaftliche Arbeit, ihre Teilnahme an Planung und Verwaltung des Betriebes, kontrolliert die Betriebsleitung, wacht über die Einhaltung der Arbeitsgesetze und beschäftigt sich mit der Verbesserung der Lebensbedingungen der Arbeiter und Angestellten sowie mit deren kultureller Betreuung. Im einzelnen sind seine Rechte in einer entsprechenden Bestimmung von 1971 sowie in der Satzung der Gewerkschaften, die zur Zeit in der Fassung von 1972 gültig ist, niedergelegt.

In welchem Verhältnis steht die Betriebsleitung, die überdies noch vom Parteikomitee kontrolliert wird, zu diesen Organen der Arbeiter und Angestellten? Die gesetzlichen Bestimmungen betonen ihre Pflicht, ihnen jegliche Unterstützung zu geben. Die Vorschläge und Anregungen, die aus der Belegschaft kommen, sind sorgfältig zu prüfen und möglichst in die Tat umzusetzen. Daß dies nicht nur eine Floskel ist, zeigen die Grundordnung der Ständigen Produktionsberatungen und die Rechte des Gewerkschaftskomitees. Zugleich ist aber der Betriebsdirektor allein verantwortlich für die gesamte Arbeit des Betriebs und erläßt allein Anordnungen (lediglich im Arbeitsrecht gibt es eine Mitentscheidung der Gewerkschaft). Allerdings wird in jüngster Zeit, etwa in den Verordnungen vom 27. 3. 1974 über Produktionsvereinigungen – Zusammenschlüsse von Betrieben und anderen Einrichtungen – und vom 20. 10. 1975 über Trusts von Sowjetwirtschaften, der früher im Vordergrund stehenden Einzelverantwortlichkeit die Kollegialität in der Verwaltung zur Seite gestellt. Grundsätzliche Entscheidungen sollen in einem »Rat« getroffen werden, dem neben dem Leiter der Vereinigung und den Direktoren der einzelnen Betriebe auch Vertreter der eben beschriebenen »gesellschaftlichen Organisationen« angehören. Für dessen Beschlüsse ist wiederum der Leiter allein verantwortlich. Bei Meinungsverschiedenheiten gilt seine Anordnung, aber die übrigen Mitglieder des Rates haben das Recht, sich an das nächst höhere Organ zu wenden (Rešenija t.10, S. 136–179, 520–540). Konflikte sind dadurch natürlich nicht ausgeschlossen. In der Vergangenheit ist immer wieder von Fällen berichtet worden, in denen der Direktor durch gute Beziehungen zum Vorsitzenden des Partei- und des Gewerkschaftskomitees gegen jede Kritik gefeit war. In anderen Fällen traten dagegen so heftige Auseinandersetzungen mit der Produktionsberatung und dem Gewerkschaftskomitee auf, daß diese bei den übergeordneten Instanzen vorstellig wurden und eine Ablösung des Direktors durchsetzen konnten. Es fehlen noch Untersuchungen darüber, inwieweit sich durch die hier referierte Ausweitung der Rechte der Arbeiter und Angestellten im Gefolge der Wirtschaftsreformen ihre Mitwirkung bei Planung und Leitung tatsächlich verbessert hat, inwieweit sie selbstbewußter auftreten, in welchem Verhältnis die vorgeschriebenen Normen und die Wirklichkeit stehen. Die institutionellen Möglichkeiten sind jedenfalls vorhanden, daß kein Interessengegensatz zwischen Direktor und Belegschaft aufbrechen muß, daß sie sich nicht gegenüberstehen, sondern gemeinsam die Produktion organisieren. Allerdings wird man nicht erwarten können, daß Verhaltensweisen, die sich in der Vergangenheit eingespielt haben – der Vorrang wirtschaftlicher Effizienz, der Vorrang des Funktionierens vor wirklicher Bestimmung durch die Arbeiter, Gängelung durch Parteiorgane oder übergeordnete Instanzen, Vorbehalte gegen zu viel Initiative »von unten« – innerhalb weniger Jahre vollständig überwunden werden können (vgl. Brus 1975).

Die seit 1965 erweiterten Rechte des Betriebes und seiner

Organe zeigen sich besonders deutlich bei der Verfügung über die ihm zustehenden Mittel. Der Betrieb schlägt der übergeordneten Instanz den Umfang der benötigten Mittel vor, die ihm dann zugeteilt werden; sie sind damit der Einflußnahme seitens jener Instanz entzogen. Vom erwirtschafteten Gewinn behält der Betrieb einen Teil für die Vervollkommnung der Produktion (Einführung einer neuen Technik u. ä.) und für die Verbesserung der Lebensverhältnisse der Arbeiter und Angestellten sowie für deren kulturelle Betreuung. Wiederum hat eine höhere Instanz auf die Einzelheiten der Verteilung keinen Einfluß. Wenn ein Betrieb keinen Gewinn erzielt, seine Tätigkeit aber für wichtig gehalten wird, erhält er einen entsprechenden Fonds zentral zugeteilt. Der Betrieb schließt Verträge über die Lieferung seiner Erzeugnisse, teilweise auch über den Erhalt notwendiger Rohstoffe und sonstiger materieller Ressourcen. Der größte Teil wird allerdings nach wie vor auf Anforderung zentral zugeteilt. Dies wird für nötig gehalten, damit eine vorrangige Förderung bestimmter Industriezweige und Betriebe möglich bleibt. Dadurch entstehen jedoch immer wieder Defizite in den Betrieben, weil sie die Anforderungen oft früher stellen müssen, als sie die endgültigen Planauflagen kennen. Verschiedene Experimente werden durchgeführt, um dieser Schwierigkeit, zentrale und dezentrale Elemente zu verbinden, Herr zu werden (Raupach 1968, S. 56–57; Grundlagen, S. 272–296).

Überplanproduktion ist seit den Wirtschaftsreformen nur noch in genau definierten Fällen gestattet. Damit soll der Mangel beseitigt werden, daß die Proportionen der wirtschaftlichen Entwicklung durch zu hohe Überplanproduktion in einigen Bereichen durcheinander kamen und die Betriebe versuchten, durch falsche Angaben ohne Mühe den Plan überzuerfüllen, um dafür Prämien zu erhalten. Schließlich ist neuerdings gesetzlich geregelt, daß die Tätigkeit des Betriebes nicht die Lebensverhältnisse der Bürger verschlechtern und Erfordernisse des Umweltschutzes verletzen darf (insgesamt: Polit. System; UdSSR, S. 246ff.; Grundlagen; Fedorenko u. a.; vgl. zur Partizipation: v. Beyme, S. 287ff.).

Wie haben sich die Wirtschaftsreformen auf die Arbeitsverfassung ausgewirkt? Immer noch stehen Erhöhung der Arbeitsproduktivität, Festigung der Arbeitsdisziplin und Leistungsprinzip im Zentrum der Arbeitsverfassung, aber die Inhalte haben sich gegenüber den dreißiger bis fünfziger Jahren (Hofmann 1956) doch grundlegend gewandelt (Andersen; Sowjet. Arbeitsrecht). Jeder Bürger hat nach der noch gültigen Verfassung von 1936 ein Recht auf Arbeit, Arbeitslosigkeit gibt es nicht mehr. Die Arbeitskraft ist keine Ware, die der Arbeiter auf dem Markt verkaufen muß. Im Kapitalismus wird die Arbeitskraft nach ihrem Wert als Ware bezahlt, im Sozialismus wird dagegen dem Anspruch nach nicht nur scheinbar, sondern tatsächlich nach der jeweiligen Leistung entlohnt (im Kommunismus soll dann das Prinzip der freien Bedürfnisbefriedigung herrschen und das Äquivalenzprinzip verschwinden). Theorie und Praxis klafften zeitweilig auch in diesem Bereich auseinander; gerade in den fünfziger Jahren zeigte sich, daß etwa das Tarifsystem seine Funktion nicht mehr erfüllen konnte. Seit 1956 wurden mehrere Veränderungen durchgeführt, die das Arbeitsrecht an die neuen ökonomischen Erfordernisse wie an den erreichten Stand der gesellschaftlichen Entwicklung heranführen sollten. Das Hauptproblem ist dabei die Bewertung der Arbeitsleistung in einer arbeitsteiligen Gesellschaft, also mit unterschiedlichen Anforderungen und unterschiedlichen Ausgangsbedingungen.

Rechte und Pflichten des Arbeiters werden durch zwei Verträge geregelt: Im Kollektivvertrag zwischen Gewerkschaftskomitee und Betriebsleitung findet er die Grundsätze der Arbeit, in seinem individuellen Arbeitsvertrag die Besonderheiten seiner Arbeit. Die Höchstarbeitszeit beträgt im Augenblick 41 Stunden (für Jugendliche von 16–18 Jahren und für Arbeiter unter erschwerten Arbeitsbedingungen 36 Stunden, für Jugendliche von 15–16 Jahren 24 Stunden). Die Arbeit wird bezahlt als Stück- oder als Zeitlohn in Verbindung mit verschiedenen Prämienformen. Früher wurde überwiegend Stücklohn gezahlt. Seine Einführung wie auch die einer wissenschaftlichen Arbeitsorganisation 1918 war innerhalb der Kommunistischen

Partei nicht unumstritten, da formal kaum Unterschiede zur Praxis im Kapitalismus festzustellen waren. Auch in den Diskussionen der fünfziger und sechziger Jahre sind immer Bedenken gegen den Stücklohn geltend gemacht worden. Die Befürworter des Stücklohnes argumentieren dagegen, daß der Stücklohn am besten die Leistung erkennen lasse und daher zur Bestimmung der Lohnhöhe geeignet sei. Dieses Argument ist weitgehend hinfällig geworden, seitdem weniger auf die Menge als auf die Qualität Wert gelegt wird und der Fertigungsprozeß mehr und mehr automatisiert abläuft. Neue Kennziffern bestimmen den Lohn: neben der Qualität des Produkts z.B. die Einsparung von Ressourcen und die Kapazitätsausnutzung. Daher sinkt in jüngster Zeit die Bedeutung des Stücklohnes, die des Zeitlohnes – vor allem in der Form des Prämienzeitlohnes – steigt; auch kollektive Entlohnungsformen nehmen zu. Seit 1956 wurden auch die Tariftabellen vereinheitlicht und neu differenziert sowie die Tarifspannen verringert: 1932 verdiente ein Spezialist in der Industrie durchschnittlich 172 Prozent mehr als ein Arbeiter, 1973 noch 27 Prozent – nämlich 185 Rubel gegenüber 146 Rubel (Statist. Teil in: Polit. System). Diese Tendenz setzt sich weiter fort. Differenzierung und Leistungslohn sind demnach nicht gleichbedeutend mit Verstärkung von Einkommensunterschieden (vgl. Matthews, S. 72ff.; Ljapin, S. 93ff.).

Die Veränderungen im Lohnsystem haben entsprechende Veränderungen in den Leistungsnormen als eine der wesentlichsten Grundlagen für die Einstufung der jeweiligen Arbeit und der Entlohnung nach sich gezogen. Sie werden nicht mehr administrativ verordnet, sondern im Betrieb in Übereinstimmung mit dem Gewerkschaftskomitee festgelegt. Die Betriebsleitung setzt auch – wiederum nur mit Zustimmung des Gewerkschaftskomitees – die Lohnform und die Einstufung der einzelnen Arbeiter fest. Durch die Verfügungsmöglichkeit über einen Teil des Gewinns können mit Prämien, die zu denen aus dem zentral zugewiesenen Lohnfonds hinzukommen, wichtige betriebliche Ziele gefördert werden. Für den Gesamtlohn sind somit sehr viel mehr als früher die speziellen Bedingungen des Betriebes ausschlaggebend.

Der Lohn samt Prämie soll das materielle Interesse des Werktätigen an seiner Arbeit anregen, zumindest solange die Arbeit noch nicht das »erste Lebensbedürfnis« (Marx) geworden ist, sondern primär der Existenzsicherung dient. Daneben treten »moralische Stimuli« – Ehrungen, Auszeichnungen, Stärkung des Bewußtseins, eine wichtige Arbeit für die gesamte Gesellschaft zu leisten. Als Bindeglied zwischen beiden Formen wird der »sozialistische Wettbewerb« angesehen. Er entstand bereits in den ersten Jahren nach der Oktoberrevolution, um den Verfall der Produktion aufzuhalten und wenigstens die dringendsten Bedürfnisse zufriedenzustellen. Voraus gingen ihm die »Subbotniki«, die »kommunistischen Samstage« – freiwillige Arbeitsleistungen ohne Vergütung zur Erfüllung besonderer Aufgaben. In den folgenden Jahren, insbesondere in der Zeit der forcierten Industrialisierung seit 1929, rückte die Funktion, die Arbeitsproduktivität zu erhöhen, völlig in den Vordergrund. Zur Zeit wird der sozialistische Wettbewerb nach einer Verordnung des Zentralkomitees der KPdSU vom 31. 8. 1971 organisiert. Nach wie vor spielt dabei die Erhöhung der Arbeitsproduktivität, der betrieblichen Effektivität, aber auch der Produktqualität eine bedeutendere Rolle. Betont wird jedoch im Gegensatz zu früher die Funktion, die Werktätigen zu erziehen und zur Verwaltung der Produktion heranzubilden. Das Arbeitskollektiv soll möglichst selbständig über Art und Durchführung des Wettbewerbs entscheiden. Moralische Antriebe sollen stärker als früher berücksichtigt werden. Der Wettbewerb von Kollektiven (im Betrieb oder ganzer Betriebe) hat Vorrang vor dem Wettbewerb zwischen Individuen. Dadurch sollen der Zusammenhalt des Kollektivs verbessert und eine kommunistische Einstellung zur Arbeit gefördert werden. Kommunistische Einstellung zur Arbeit heißt nach sowjetischer Auffassung, daß der Arbeiter nicht nur Interesse an der Arbeit als Quelle seiner Existenzsicherung, sondern Interesse an der Arbeit selbst, an ihren Ergebnissen, an der Befriedigung der Bedürfnisse der gesamten Gesellschaft empfinden soll (Lehrbuch, S. 183–184).

Als kommunistisches Element in der jetzigen Phase der gesellschaftlichen Entwicklung wird auch der »gesellschaftliche Konsumtionsfonds« angesehen, der über den Lohn hinaus unentgeltlich und unabhängig von der Arbeitsleistung verteilt wird. Dazu gehören Gesundheitsschutz und medizinische Betreuung, Erziehung, Volksbildung und andere kulturelle Angebote, Erholung, soziale Sicherstellung, Dienstkleidung; in gewisser Weise kann man auch den unter Vorzugsbedingungen bereitgestellten Wohnraum dazu zählen. Der gesellschaftliche Konsumtionsfonds wächst prozentual sehr viel schneller als der Geldlohn (Lehrbuch, S. 351–368; Ljapin, S. 104ff.).

Die Erweiterung der Rechte des Betriebes, die höhere Flexibilität und Elastizität des Wirtschaftssystems haben es mit sich gebracht, daß in der UdSSR wieder Probleme der Arbeitslosigkeit erörtert werden. Arbeitslosigkeit als Massenerscheinung gibt es zwar nach wie vor nicht mehr. Die Verteilung der Arbeitskräfte wird durch eine besondere Bilanz, die Bestandteil der gesamtwirtschaftlichen Planung ist, geregelt. Der Spielraum der Betriebe ist jedoch seit 1965 größer geworden, zur besseren Erreichung der Planziele Arbeitskräfte einzusparen, selbstverständlich nur bei Zustimmung des Gewerkschaftskomitees (Entlassungen sind außerdem noch als letzte disziplinarische Maßnahmen möglich, Kündigungen seitens des Arbeiters im Unterschied zur Zeit vor 1956 weitgehend frei). Da man offenbar nicht ausreichend darauf vorbereitet war, hat es einige Fälle gegeben, bei denen Entlassungen in Kleinstädten oder auf dem Land nur schwer aufgefangen werden konnten. Seit 1965 werden deshalb in den verschiedenen Republiken »Staatliche Komitees für die Nutzung von Arbeitsressourcen« gebildet, die mit dem Plankomitee zusammenarbeiten. Eine bessere Planung soll verhindern, daß betriebliche Effektivität auf Kosten der Arbeiter und Angestellten geht (Quellen zur Arbeitsverfassung in: Polit. System; UdSSR; einführend zur sowjetischen Auffassung: Lehrbuch, S. 158ff., 312ff.; vgl. v. Beyme, S. 78ff.).

Die herausragende Bedeutung der Gewerkschaften bei der zentralen wie bei der betrieblichen Planung, bei der Verwaltung des Betriebes und bei den Regelungen der Arbeitsverfassung ist mehrfach angedeutet worden. Ihr Einfluß erstreckt sich darüber hinaus auf den Wohnungsbau, die kulturelle und medizinische Betreuung der Bevölkerung, die vorschulische Erziehung, die Volksbildung, die Erholungseinrichtungen, die Sozialversicherung, die staatlichen und genossenschaftlichen Handelsbetriebe, die Kantinenwirtschaft u. v. a. Offensichtlich haben die Gewerkschaften einen anderen Charakter als im Kapitalismus, sie sind Funktionsträger des Systems. 1918 hatte eine Diskussion darüber begonnen, ob die Gewerkschaften nicht im Staatsapparat aufgehen müßten, damit das Proletariat die Macht ausübe und der Staat allmählich absterbe. Durchsetzen konnte sich jedoch die Auffassung, daß die Arbeiter beim Aufbau des Sozialismus noch Interessenvertretungen brauchten, die allerdings der proletarischen Diktatur gegenüber nicht autonom – wie es eine Oppositionsgruppe innerhalb der KPR forderte – sein dürften; man müsse auch auf die Bauern, die die Mehrheit der Bevölkerung stellten, Rücksicht nehmen. Übereinstimmung herrschte darüber, daß die Gewerkschaften großen Einfluß auf die Betriebsleitungen nehmen sollten. In der Übergangsperiode waren die Gewerkschaften als Bindeglied, »Transmissionsriemen«, zwischen Partei, Regierung und Werktätigen gedacht. Während der Neuen Ökonomischen Politik wurden ihre Rechte auf zentraler Ebene (einschließlich der Ernennung von Betriebsleitern) erweitert, im Betrieb selbst jedoch vermindert. In der folgenden Periode wurde daran nichts Wesentliches verändert. Der Zentralrat der Gewerkschaften übernahm zwar 1933 die Funktion des Volkskommissariats für Arbeit, aber auf unterer Ebene standen die Mitwirkungsmöglichkeiten meistens nur auf dem Papier, der »Transmissionsriemen« drehte sich nicht mehr (Brügmann; Deutscher 1969).

Auch auf diesem Gebiet hat sich inzwischen viel verändert. Vor allem die lokalen Gewerkschaftskomitees sind reaktiviert worden. Im Parteiprogramm von 1961 ist auch wieder das Ziel genannt worden, daß die gesellschaftlichen Organisationen sich zu Organen der »kommunistischen Selbstverwaltung« vereinigen und die staatlichen Institutionen »ihren politischen Charakter ablegen« werden (Meissner, S. 220; vgl. Ljapin,

S. 111 ff.). In der Tat ist eine Tendenz bemerkbar, immer mehr staatliche Funktionen den gesellschaftlichen Organisationen zu übertragen. Inwieweit diese Tendenz tatsächlich zu einer Ausdehnung der Selbstverwaltung durch die Bevölkerung führt, wird zu beobachten sein.

Organisiert sind die Gewerkschaften, die heute etwa 100 Millionen Mitglieder haben, nach dem Produktionsprinzip, also nach Wirtschaftszweigen, nicht nach Berufen. Die Verbindung zwischen den einzelnen Gewerkschaften wird auf den verschiedenen Ebenen (Gebiete, Regionen, Republiken) durch Räte hergestellt. Oberstes Organ ist für die Grundorganisation die Mitgliederversammlung, für die mittlere Ebene die Konferenz und für die höchste Ebene der Kongreß. Jene wählt den Zentralrat der Gewerkschaften der UdSSR, der zwischen den Kongressen die gesamte gewerkschaftliche Tätigkeit leitet. Er ist auch berechtigt, Berichte der Ministerien und Behörden zu Fragen, die die Gewerkschaften betreffen, anzufordern und selbst Gesetzesinitiativen einzubringen. Der innere Aufbau der Gewerkschaften, die Prinzipien des demokratischen Zentralismus, der Kollektivität der Leitung und der innergewerkschaftlichen Demokratie, ähnelt formal denen der Kommunistischen Partei (vgl. das nächste Kapitel). Nach der gültigen Satzung der Gewerkschaften (in der Fassung von 1972) leisten sie ihre Arbeit »unter Führung« der Partei (vgl. Polit. System).

Der Charakter der sowjetischen Gewerkschaften ist nicht einfach zu bestimmen, weil er sich seit den fünfziger Jahren schnell gewandelt hat; der Prozeß ist noch nicht abgeschlossen. Sie spielen in allen Lebensbereichen eine entscheidende Rolle. Die Arbeiter und Angestellten haben durch sie erhebliche Mitwirkungsmöglichkeiten in fast allen gesellschaftlichen Angelegenheiten. Schwierigkeiten liegen darin, gleichzeitig Interessenvertretung der Werktätigen und quasi-staatliches Organ zu sein. Diese Schwierigkeiten, die das Problem der Verbindung von zentraler-gesamtgesellschaftlicher und lokaler-individueller Ebene reflektieren, führten in der Periode der forcierten Industrialisierung zu ernsten Widersprüchen. Sie zu überwinden, ist ein Teil der gegenwärtigen Reformen.

Ein Ausdruck jener Schwierigkeiten ist die Regelung von Arbeitskonflikten. Im »Kriegskommunismus« gab es Streiks und Proteste vor allem wegen der schlechten Ernährungsbedingungen, und auch während der Neuen Ökonomischen Politik rissen die Streiks wegen der unbefriedigenden materiellen Situation nicht ab; hinzu kam Unzufriedenheit wegen der teilweisen Wiedereinführung kapitalistischer Methoden (Meyer 1974, S. 154, 393 ff.; Mc Auley, S. 15–16). Dabei unterstützten zumindest lokale Stellen häufig den Protest der Arbeiter. In den dreißiger Jahren wurden die Gewerkschaften dagegen bei Arbeitskonflikten weitgehend zu staatlichen Ausführungsorganen degradiert. Das scheint sich inzwischen verändert zu haben. Zwar wird ein Streikrecht in der Verfassung nicht zugestanden – hergeleitet aus der umstrittenen Theorie, die Arbeiter könnten in einem proletarischen Staat nicht gegen sich selbst streiken, obwohl doch im Sozialismus persönliches und öffentliches Interesse noch nicht unmittelbar zusammenfallen muß (vgl. Hofmann 1956, S. 234-237). Dafür ist aber seit den fünfziger Jahren das Instrumentarium zur Lösung von Konflikten ausgebaut worden, wie es zuletzt in den »Grundlagen der Arbeitsgesetzgebung« von 1970 niedergelegt wurde. Zunächst zuständig ist im Betrieb eine Kommission für Arbeitskonflikte, die paritätisch aus Vertretern des Gewerkschaftskomitees und der Betriebsleitung zusammengesetzt ist. Gegen ihre Entscheidung können die Beteiligten das Gewerkschaftskomitee selbst anrufen. Den Arbeitern und Angestellten, nicht aber der Betriebsleitung, steht dann noch der Weg zum Volksgericht offen (vgl. Polit. System).

Von diesen Möglichkeiten wird reichhaltig Gebrauch gemacht (vgl. für die Zeit vor 1965 Mc Auley; auch v. Beyme, S. 248-254). Hin und wieder dringen im übrigen auch Berichte von Streiks in den Westen, deren Bedeutung aber von hier aus zur Zeit kaum abzuschätzen ist. Überwiegend scheinen sich nach neueren soziologischen Forschungen (vgl. Teckenberg) die Konflikte auf Lohn- und Prämienfragen zu konzentrieren. Deutlich wird dabei jedoch auch, daß viele Arbeiter und Angestellte über die Tätigkeit der Produktionsberatungen und ähnlicher Organisationen frustriert waren, weil sie keine besondere Wirkung nach sich zog. Auch Unzufriedenheit mit der Arbeit, die sich etwa in hoher Fluktuation oder auch Trunkenheit am Arbeitsplatz äußerte, wurde oft festgestellt. Die Erhebungen stammen allerdings fast ausschließlich aus der Mitte der sechziger Jahre. Inzwischen haben sich die Verhältnisse weiter verändert, die wichtigen Gesetze und Verordnungen, die die Arbeitsverfassung, die Produktionsberatungen usw. betreffen, wurden erst später beschlossen. Neue Untersuchungen müssen zeigen, in welche Richtung sich jetzt die Arbeitskonflikte und die Einstellung zur Arbeit bewegen.

Im vorigen Kapitel wurde als ein möglicher Konfliktpunkt die nicht durchgängige Übereinstimmung zwischen Ausbildungsniveau und Beschäftigung genannt. In der UdSSR wird diesem Problem große Aufmerksamkeit geschenkt, weil man die Bildung nicht nur an den augenblicklichen Bedürfnissen der Volkswirtschaft orientieren will, sondern auch das Ziel vor Augen hat, die Unterschiede zwischen geistiger und körperlicher Arbeit allmählich abzubauen und damit Formen der Arbeitsteilung, die zu gesellschaftlichen Gegensätzen führen können, zu beseitigen. 75 Prozent der Bevölkerung haben eine (abgeschlossene und nicht abgeschlossene) höhere oder mittlere Bildung (1974), lediglich 27 Prozent der Industriearbeiter verfügen nur über eine Elementarbildung (1973). Das Ausbildungsniveau der Arbeiter wächst prozentual schneller als das der Spezialisten und Angestellten, immer mehr Arbeiter übernehmen Aufgaben innerhalb automatisierter Arbeitsprozesse, die früher dem Ingenieur und Techniker vorbehalten waren. 1972 führten 49 Prozent der Industriearbeiter eine rein manuelle, 51 Prozent eine mechanisierte Tätigkeit aus; der Anteil automatisierter Abläufe steigt dabei schnell an. Allerdings sind die Probleme betrieblicher Ausbildung bei weitem noch nicht gelöst (Statist. Angaben und Bildungsgesetz in: Polit. System: vgl. Zänker 1973: Struktur; Kulturpolitik, S. 92 ff.; Ljapin, S. 71 ff.).

Das Bildungsniveau der Bauern erweitert sich prozentual am stärksten von allen Berufsgruppen, obwohl es immer noch am

Ende der Skala liegt. Als Ziel wird betont, auch im Bildungswesen dazu beizutragen, die sozialökonomischen Verhältnisse von Stadt und Land einander anzugleichen, um auch diese Ursache gesellschaftlicher Gegensätze aufzuheben. Der Agrarbereich bereitet allerdings nach wie vor der sowjetischen Wirtschaft und Gesellschaft am meisten Probleme. Immer noch wirken hier die historischen Belastungen nach: die Begleitumstände der Kollektivierung sowie die lange Zeit andauernde ökonomische und soziale Benachteiligung. Erst seit den fünfziger Jahren hat sich die Situation der Bauern grundlegend verbessert, tiefgreifende Reformen sind erfolgt (Hahn; zur Sozialstruktur: Matthews, S. 150ff.). Die Ertragslage kann jedoch immer noch nicht voll befriedigen.

Die Agrarproduktion wird in drei Wirtschaftsformen organisiert: in der Sowjetwirtschaft (Sowchos), in der Kollektivwirtschaft (Kolchos) und in der persönlichen Nebenwirtschaft. Die Sowjetwirtschaft ist ein staatliches Gut mit Landarbeitern; ihre Verfassung ist durch die Verordnung über den staatlichen sozialistischen Produktionsbetrieb geregelt, ähnelt also der des Industriebetriebes. Die Beschäftigten in Sowjetwirtschaften haben das Recht, einen privaten landwirtschaftlichen Nebenbetrieb zu bearbeiten. Die Sowjetwirtschaften wurden ursprünglich von den staatlichen Organen eingerichtet, um die Getreideversorgung der Städte nicht ganz den privatproduzierenden Bauern zu überlassen. Auch sollten sie als Musterwirtschaften, als Vorbilder kollektiven Arbeitens dienen. Beide Funktionen haben sie in der frühen Sowjetzeit nur unzureichend erfüllt. Heute sind sie meist auf ein bestimmtes Produkt oder auf Viehwirtschaft spezialisiert. Sie bearbeiten im Durchschnitt eine Saatfläche von rd. 6000 Hektar (statt 3000 Hektar bei den Kollektivwirtschaften) und liefern ungefähr die Hälfte des Getreides und Gemüses, 20 Prozent der Rohbaumwolle und 40 Prozent der tierischen Produkte. Die Erzeugnisse werden vollständig vom Staat aufgekauft (Wädekin 1969: Staatsgüter).

Die Kollektivwirtschaften haben eine ganz andere innere Struktur. Sie ist gesetzlich durch das Musterstatut des Kolchos geregelt, das auf dem III. Unionskongreß der Kolchosbauern am 27.11.1969 angenommen und vom Zentralkomitee der KPdSU sowie vom Ministerrat der UdSSR einen Tag später bestätigt wurde. Dieses Statut löste jenes von 1935 ab, mit dem die Kollektivierung organisatorisch abgeschlossen und das Artel zur Regelform des Kolchos gemacht wurde. Als Kennzeichen des Artels hatten sich damals die Zusammenlegung und gemeinsame Bearbeitung des Bodens sowie die Vergesellschaftung der wichtigsten Produktionsmittel herausgebildet. Die Kommune, in der alle Produktionsmittel und zum Teil auch die Konsumtionsmittel vergesellschaftet waren, wurde zwar ursprünglich von den Bolschewiki als höchste Form der Kollektivierung angestrebt, jetzt aber aufgegeben, weil sie der Mentalität der Bauern und dem sozialistischen Leistungsprinzip – hier wurde nach Bedürfnissen verteilt – nicht zu entsprechen schien; die persönliche Nebenwirtschaft, die die Artels zuließen, war darüber hinaus auch ökonomisch bedeutsam.

Die Artelform wurde 1969 im wesentlichen beibehalten, sonst sind aber gegenüber dem Statut von 1935 entscheidende Veränderungen eingetreten (alle Statuten in: Brunner/Westen). Der Boden bleibt Staatseigentum und wird dem Kolchos unentgeltlich und unbefristet zur Nutzung übergeben. Produktionsmittel, Erzeugnisse und sonstiges Vermögen sind gesellschaftliches Eigentum der jeweiligen Kollektivwirtschaft, gehören also nicht dem Staat. Oberstes Entscheidungsorgan im Kolchos ist die Mitgliedervollversammlung. Sie beschließt u.a. über den Plan, die Verwendung der Mittel, die Lohnordnung und die Beteiligung an größeren Wirtschaftseinheiten. Darüber hinaus wählt sie den Vorstand, der die Wirtschaft zwischen den Vollversammlungen leitet. Mitgliederversammlungen finden auch in den einzelnen Produktionsbereichen und Brigaden der Kollektivwirtschaft statt. Auf diese Weise sollen möglichst viele Mitglieder an der Leitung und Verwaltung der Produktion beteiligt werden. Dazu dient auch die Tätigkeit verschiedener gesellschaftlicher Organisationen und Kommissionen (vgl. Wädekin 1969: Führungskräfte).

Das erzeugte Bruttoprodukt wird grundsätzlich folgendermaßen verteilt: Zunächst muß der Aufwand für die Produktion ersetzt werden. Dann werden Vorräte für Saatgut und Futtermittel angelegt sowie die benötigten Nahrungsmittel bereitgestellt. Den Rest verkauft der Kolchos an staatliche Stellen, an die Genossenschaft oder auf dem Kolchosmarkt. Auf den Kolchosmärkten wird die Preisbildung nicht von staatlichen Organen bestimmt. Weniger die gesamte Kollektivwirtschaft als die einzelnen Angehörigen, die einen privaten Nebenbetrieb haben, verkaufen dort ihre Produkte. Der Anteil des Kolchosmarktes am Verkauf von Nahrungsmitteln ist in den letzten Jahren erheblich zurückgegangen. 1973 betrug er 4 Prozent. Aus dem Bruttoeinkommen muß der Kolchos zunächst den Lohnfonds bilden. Weiterhin sind Abführungen an den Staat und an den finanziellen Fonds des Kolchos zu leisten, die vorgeschrieben sind. Darüber hinaus werden aus dem Einkommen Fonds für kulturelle und soziale Zwecke, für Prämierung u. ä. angelegt. Neuerdings sind die Kolchosmitglieder an die zentrale Sozialversicherung angeschlossen und damit auch auf diesem Gebiet den Arbeitern weitgehend gleichgestellt.

Der Industriearbeit angenähert ist inzwischen auch das Lohnsystem. Es gibt einen garantierten Grundlohn, die verschiedenen Lohnformen, Normen und Prämien. Hier hat es – abgesehen von der größeren Selbständigkeit der Kollektivwirtschaft und den gestärkten Rechten der Mitgliederversammlung – die durchgreifendsten Veränderungen gegenüber dem Statut von 1935 gegeben. Damals wurde der Lohn nach Arbeitseinheiten gemessen. Diese Arbeitseinheit, auch Tagewerk genannt, bestimmte sich nach der durchschnittlichen Arbeitsleistung eines Bauers in dem jeweiligen Produktionsbereich unter Berücksichtigung seiner Qualifikation sowie der Kompliziertheit, Schwierigkeit und Wichtigkeit der Arbeit. In regelmäßigen Abständen wurden dann die Arbeitseinheiten der Kolchosbauern zusammengezählt, danach sollte das Einkommen auf die einzelnen Mitglieder verteilt werden. In der Zeit der beschleunigten Industrialisierung hielt der Staat jedoch die Einkünfte der Kollektivwirtschaft wie der Bauern verhältnismäßig niedrig, um höchstmögliche Mittel in die Industrie fließen zu lassen. Dadurch kam es zunächst nicht zu einer angemessenen Leistungsvergütung. Nach verschiedenen Reformversuchen entschloß man sich schließlich, die Leistungsbewertung nach ähnlichen Grundsätzen wie in der Industrie vorzunehmen. Teilweise gehen in den Lohn noch die Naturalien ein, die der Bauer in seinem Kolchos erwirbt. 1969 lag das durchschnittliche Einkommen des Kolchosbauern bei 75 Prozent eines Industriearbeiters, 1960 noch bei 64,5 Prozent; der Arbeiter in einem Sowchos erreichte rund 94 Prozent. Inzwischen dürften sich die Relationen weiter angeglichen haben (Hofmann 1956, S.400–458; Wädekin 1972; Stuart).

Das Einkommen des Kolchosbauern wird immer noch zu einem nicht geringen Teil durch die Erträge der persönlichen Nebenwirtschaft bestritten. Jeder Familie stehen nach dem Statut von 1969 eine Nutzfläche bis zu 0,5 Hektar, eine Kuh, ein bis zwei Schweine, bis zu zehn Schafe und Ziegen, Bienenstöcke, Geflügel, Kaninchen sowie das benötigte Wirtschaftsgebäude und Kleininventar zu; übrigens kann auch das Wohnhaus Eigentum der Familie sein. Die ökonomische Bedeutung der Nebenwirtschaften ist in den vergangenen Jahren zurückgegangen. 1973 produzierten sie rund 60 Prozent der Kartoffeln, 43 Prozent der Eier (1960: 80 Prozent), knapp über 30 Prozent von Gemüse, Fleisch und Milch (1960: über 40 Prozent). Das meiste davon verbrauchten die Bauern (und die Arbeiter in den Sowjetwirtschaften) selbst. Lediglich bei Kartoffeln, Wolle, Gemüse, Eiern und Geflügel erreichten sie einen Marktanteil von 10-20 Prozent. 1940 deckten die Bauern fast die Hälfte ihrer Einnahmen aus dem Nebenbetrieb. 1973 nur noch 30 Prozent (Statist. Angaben in: Polit. System; UdSSR in Zahlen, S. 119; vgl. Wädekin 1967).

Selbstverständlich sind die Kollektivwirtschaften in das Planungssystem integriert (vgl. Ambarzumow; Ignatowski). Im Rahmen der Wirtschaftsreformen wurden jedoch auch ihre Rechte erweitert. Um ihre Forderungen und Vorschläge besser vorbringen zu können, bildeten sich auf jeder Verwaltungsebene Sowjets der Kollektivwirtschaften; 1971 wurden Wahl und Aufgaben dieser Sowjets gesetzlich geregelt (UdSSR, S.516-519). Mehrere Kollektivwirtschaften, Sowjetgüter und

Industriebetriebe werden unterdessen immer häufiger in ihrer Produktion untereinander verbunden. Neben der ökonomischen Zweckmäßigkeit spielt dabei das Bestreben eine Rolle, die Unterschiede zwischen Stadt und Land abzubauen. Im Parteiprogramm von 1961 war eine allmähliche, freiwillige Umwandlung des genossenschaftlichen Eigentums in »Volkseigentum« vorgesehen worden, die nicht zuletzt durch solche Produktionsbeziehungen gefördert werden sollte. Bis heute hat sich jedoch die wirtschaftliche Bedeutung der Kollektivwirtschaften kaum vermindert. Zwar sinkt ihre Gesamtzahl und der Gesamtumfang der Anbaufläche (im Unterschied zu den Sowjetwirtschaften), die Anbaufläche pro Wirtschaft steigt aber ebenso wie der Bestand an Rindvieh und Traktoren, auch ihre Arbeitsproduktivität gleicht sich der in Sowjetgütern an, obwohl sie immer noch niedriger ist (Polit. System; Narodnoe chozjajstro 1922–72, S. 281; UdSSR in Zahlen, S. 126-131). Durch die energische Förderung der Kooperation zwischen Wirtschaften unterschiedlichen Typs und zugleich der agroindustriellen Integration, zuletzt in einem Beschluß des ZK der KPdSU vom Juni 1976, wird daher für die Zukunft anstelle einer einfachen Eigentumsumwandlung eine Verschmelzung des genossenschaftlichen und staatlichen Eigentums in eine neue Form, das »Eigentum des ganzen Volkes«, ins Auge gefaßt (Ėkonomičeskaja gazeta 1976, Nr. 24, S. 3-5; vgl. Ignatowski, S. 135 ff.; Ljapin, S. 57 ff.).

Daß es bei der Versorgung der Bevölkerung mit landwirtschaftlichen Produkten immer wieder Engpässe gibt, weist auf die Probleme im Agrarbereich hin. Solche Engpässe treten auch bei verschiedenen Waren der Konsumgüterindustrie auf; dieser Bereich wurde lange Zeit weniger gefördert als die Produktionsmittelindustrie. Aber nicht nur Nachwirkungen historischer Entwicklungen oder noch bestehender organisatorischer Mängel auf diesen Gebieten (bei der Landwirtschaft kommen noch klimatische und geographische Bedingungen dazu) sind dafür verantwortlich, sondern ebenso Unstimmigkeiten im Planungssystem und Fehler in der Organisation des Handels. Das Realeinkommen der Bevölkerung ist infolge der

Verbesserungen durch die Wirtschaftsreformen verhältnismäßig schnell gestiegen (am stärksten bei den Kolchosbauern). Die Konsumgüterproduktion hat damit nicht in jedem Fall Schritt halten können. Das Budget der Familien hat sich erheblich verändert: Sie geben weniger für Ernährung, dafür mehr für Kleidung, Möbel und kulturelle Bedürfnisse aus (Statistiken in: Polit. System). Innerhalb der Nahrungsmittel ist der Verbrauch an Fleisch, Milch, Milchprodukten und Eiern stark gestiegen, an Kartoffeln und Getreideprodukten hingegen zurückgegangen (UdSSR in Zahlen, S. 189) Teilweise ist die veränderte Nachfragestruktur erst spät erkannt worden – bislang kam es ja vor allem darauf an, wenigstens die dringendsten Bedürfnisse zufriedenzustellen. Anfang Januar 1972 beschlossen Zentralkomitee der KPdSU und Ministerrat, einen »Rat zur Erforschung der Nachfrage der Bevölkerung nach Waren des Volksverbrauchs« einzusetzen, um den Bedarf besser erfassen zu können.

Darüber hinaus sollen das Handelssystem flexibler gestaltet, der Warenverkauf modernisiert werden, das Netz von Selbstbedienungsläden anwachsen. Gleichzeitig will man den Verkauf nach Mustern, Katalogen oder direkten Aufträgen des Käufers erweitern sowie das Vertragssystem zwischen produzierendem Betrieb und den Handelsorganisationen ausbauen. Großer Wert wird auf die Errichtung von Kantinen, Restaurants und Speisehallen gelegt. Die »gesellschaftliche Ernährung« soll für die Familien billiger und attraktiver werden als die Zubereitung der Mahlzeiten im Haushalt. Wieder vermischen sich hier Zielvorstellungen - diese Form der Ernährung gehört zum »gesellschaftlichen Konsumtionsfonds« – mit unmittelbaren Aufgaben: Die Schlangen vor manchen Geschäften und die oft umständliche Bedienung sollen wegfallen. Nur am Rande sei hier darauf hingewiesen, daß die Frauen immer noch die Hauptlast im Haushalt – und damit auch beim Einkauf – zu tragen haben, obwohl sie in fast gleichem Maße in den Arbeitsprozeß eingegliedert sind (Statistiken in: Polit. System). Die Gleichberechtigung im Beruf hat sich noch nicht überall in entsprechende neue Formen des Alltagslebens umgesetzt (vgl. J. Miller).

Der Handel wird vom Staat oder von Genossenschaften organisiert. Die Konsumgenossenschaften sind besonders auf dem Land tätig; ähnlich wie bei den Kollektivwirtschaften ist ihr Vermögen kollektives Eigentum. Aber auch die staatlichen Handelsorganisationen kaufen Agrarprodukte auf. Insgesamt beträgt z.Z. der Anteil des staatlichen Handels am gesamten Einzelhandelsumsatz rund 70 Prozent, der des genossenschaftlichen Handels rund 30 Prozent. Der wichtigste Wirkungsbereich der staatlichen Organisationen ist jedoch der Großhandel, d.h. der Warenaustausch zwischen Betrieben (Lehrbuch, S.296 ff.; Rešenija t. 8, S.629-634).

Die Preise der Waren – Nahrungsmittel, Konsumgüter, Produktionsmittel, Dienstleistungen – richten sich nun – abgesehen vom Kolchosmarkt – nicht nach Marktgesetzen, sondern werden vom Staat bestimmt. Beim Plankomitee ist dazu ein besonderes Preiskomitee gebildet worden. Da im Sozialismus noch nach Leistung verteilt wird und für die Leistung ein Äquivalent gesucht werden muß, kann die Preisfestsetzung nicht willkürlich oder schon rein nach Bedürfnissen geschehen. Grundlage muß noch der Arbeitsaufwand für die Produktion einer Ware, letztlich das Wertgesetz bleiben. Andererseits kann der Preis eine wichtige Rolle bei der Lösung gesellschaftlicher Aufgaben, wie sie der Plan vorsieht, spielen. So kann er in Bereichen, die bereits über den Sozialismus hinausweisen, niedriger sein, als es der Arbeitsaufwand erforderlich machen würde; auf anderen Gebieten, auf denen noch Engpässe bestehen oder die weniger gefördert werden sollen, ist er höher (zur Rolle des Geldes: Andres).

Diese Grundsätze lassen sich nicht ohne Schwierigkeiten in ein detailliertes Preissystem umsetzen. In den großen ökonomischen Debatten während der fünfziger und sechziger Jahre wurde deutlich, daß zahlreiche Verzerrungen im Preisgefüge entstanden waren, daß die Preise nur unzureichend ihre Funktion als Mittel zur Rechnungsführung und Kontrolle innerhalb der Planung erfüllten. Mehrere Konzeptionen wurden vorgeschlagen. Am weitesten gingen die Anhänger des Optimalplanes, die die preisliche Bevorzugung oder Benachteiligung bestimmter Produkte zu einem theoretisch fundierten System »gesellschaftlicher Nützlichkeit« ausbauen wollten, das auch Knappheitsbedingungen reflektieren sollte (dieser Ansatz wurde übrigens bereits 1920 schon einmal diskutiert: Haumann 1974, S. 92–95). In den verschiedenen Preisreformen (zuletzt 1967) ist man soweit noch nicht gegangen. Man versucht eher vorsichtig, Schritt für Schritt die Mängel des vorherigen Systems zu überwinden; dabei nähert man sich aber offenbar der Methodologie des Optimalplanes (Haffner, in: Osteuropa-Handbuch, Wirtschaftssystem, S. 189–197; Raupach 1968, S. 134-150; Lehrbuch, S. 283-296, 503-528; Liberman, S. 183-201; v. Beyme, S. 110-117; Fedorenko u. a., S. 109-127; Grundlagen, S. 484-511).

Im Rahmen des Wirtschaftssystems spielen natürlich auch die außenwirtschaftlichen Beziehungen eine Rolle. Seit 1918 ist der sowjetische Außenhandel staatlich monopolisiert (Schneider). Dadurch können die Handelsmacht nach außen konzentriert eingesetzt, die eigene Wirtschaft gegen unerwünschte Einflüsse abgeschirmt und der Außenhandel in die Planung integriert werden. Seit 1949, als der Rat für Gegenseitige Wirtschaftshilfe (RGW, nach der englischen Bezeichnung auch Comecon) gegründet wurde, hat sich diese Position weiter verstärkt. Zur Zeit sind die UdSSR, Bulgarien, Polen, Rumänien, Ungarn, die Tschechoslowakei, die DDR, die Mongolei und Kuba Mitglieder. Ihr Anteil an der Weltindustrieproduktion machte 1974 annähernd ein Drittel aus (UdSSR in Zahlen, S. 52).

Während in der Anfangsphase die Sowjetunion eine Reihe einseitiger Vorteile aus diesem Zusammenschluß gewann, ist inzwischen die ökonomische Integration der Mitgliedsländer fortgeschritten und tatsächlich eine Art internationaler Arbeitsteilung erreicht worden. Immer enger werden die nationalen Volkswirtschaftspläne miteinander koordiniert; 1971 wurde ein »Komplexprogramm« für die Entwicklung in den nächsten 15-20 Jahren verabschiedet. Neben die Kooperation auf verschiedenen Gebieten (z. B. Energiesektor, wissenschaftlich-technische Zusammenarbeit) und gemeinsame Produktionsprojekte ist eine untereinander abgestimmte Spezialisierung auf bestimmte Produkte in den einzelnen Mitgliedsländern getreten. Die finanzielle Abwicklung der Beziehungen läuft über die Internationale Bank für Wirtschaftliche Zusammenarbeit (seit 1964) und die Internationale Investitionsbank (seit 1971). Der Aufbau einer kollektiven Währung (des Transferrubels) ist im Gange, die freie Konvertierbarkeit des Transferrubels wie der nationalen Währungen ins Auge gefaßt. Trotz der verstärkten Abstimmung der Pläne – wie etwa bei der Vorbereitung des Fünfjahrplanes 1976-1980 – kann man keinesfalls von einer supranationalen Planung sprechen. Bilaterale Wirtschaftsbeziehungen zwischen den einzelnen RGW-Ländern, wie sie z. B. im neuen Freundschaftsvertrag zwischen der UdSSR und der DDR vom Oktober 1975 zum Ausdruck kommen, sind durchaus nicht ausgeschlossen. Die Hälfte des sowjetischen Außenhandelsumsatzes wird mit den Ländern des RGW abgewickelt.

Rund 15 Prozent des Umsatzes entfallen auf Entwicklungsländer, etwa 5 Prozent auf die nicht dem RGW angehörenden sozialistischen Länder und rund 30 Prozent auf die führenden kapitalistischen Industriestaaten. Die Struktur des Außenhandels hat sich seit den fünfziger Jahren wesentlich verändert. Während früher Agrarerzeugnisse und Rohstoffe den Hauptanteil des Exports ausmachten, werden heute in bedeutendem Maße Maschinen, Einrichtungen, Metallerzeugnisse und Elektroenergie ausgeführt, allerdings weniger in die wichtigeren kapitalistischen Länder. Importiert werden vor allem Maschinen sowie agrarische und industrielle Konsumgüter. Wenngleich es dabei hin und wieder zu spektakulären Käufen von Waren kommt, an denen es in der Sowjetunion mangelt (z. B. Getreide bei Mißernten), so hat insgesamt der Außenhandel unterdessen die Funktion erhalten, die Vorteile einer internationalen Arbeitsteilung nutzbar zu machen, d. h. Waren im Ausland zu erwerben, die dort für die UdSSR ökonomisch günstiger hergestellt werden können als im eigenen Land. Der verhältnismäßig niedrige – wenn auch zunehmende – Anteil der kapitalistischen Länder am Außenhandelsumsatz und die planmäßige Steuerung durch das Außenhandelsmonopol verringern die Gefahr, von Ländern mit anderer Gesellschaftsordnung abhängig zu werden (vgl. V. Kapitel). In einigen Bereichen können aber durchaus Preisveränderungen auf dem Weltmarkt auch Auswirkungen auf die Sowjetunion haben, zumal sich auch die Preise beim Handel zwischen den Ländern des RGW am Weltmarkt orientieren, allerdings im Durchschnitt weit unter ihnen liegen und länger stabil bleiben. (Vnešnaja torgovlja; Lehrbuch, S. 573 ff.; Bogomolov; Faddejew; Kormnow; RGW; Sowjetunion 1974/75, S. 136–137, 154–155, 168–169).

IV. Die politische Struktur der Sowjetunion

Sowjets entstanden in Rußland zum erstenmal spontan während der Revolution von 1905 als Interessenvertretungen und Kampforgane der Arbeiter. Während der Februarrevolution von 1917 wählten dann Arbeiter und Soldaten, später auch Bauern ihre Deputierten (Abgeordneten), die ihren Wünschen und Interessen Gehör verschaffen und die Regierungskörperschaften kontrollieren sollten. Die Bolschewiki und ihre Anhänger sahen darüber hinaus in den Sowjets die Organisationsform der künftigen Gesellschaft (Anweiler). Aufbauend auf Aussagen von Marx und Engels, für die wiederum die Erfahrungen der Pariser Kommune von 1871 wichtig gewesen waren, entwickelte Lenin in seiner Schrift *Staat und Revolution* ein Konzept der direkten Demokratie, eine Abkehr vom parlamentarischen System der Repräsentation und der Gewaltenteilung, durch die der Staat allmählich absterben und von der Selbstverwaltung der Bevölkerung abgelöst werde (Lenin, *Werke* Bd. 25).

In der Verfassung der Russischen Sozialistischen Föderativen Sowjetrepublik (RSFSR) von 1918 wurde die Räteordnung institutionalisiert. Die oberste Gewalt lag beim Allrussischen Sowjetkongreß und seinem Zentralen Exekutivkomitee, der Rat der Volkskommissare unterstand diesem Gremium. Die örtlichen Sowjets wurden unmittelbar von der Bevölkerung gewählt. Sie wählten dann den Sowjet auf der nächsthöheren Verwaltungsebene. Diese mittelbare Wahl setzte sich bis hinauf zum Allrussischen Sowjetkongreß fort. Als Zeichen der Diktatur des Proletariats wurden Angehörige der ehemals herrschenden Klassen vom aktiven und passiven Wahlrecht ausgeschlossen; die städtische Wählerstimme hatte fünfmal soviel Gewicht wie die ländliche (UdSSR, S. 80–94).

Während des Bürgerkrieges liefen zahlreiche Entscheidungen an den Sowjets vorbei. 1920/21 kam es jedoch zu einer Aktivierung des Rätesystems. Die Neue Ökonomische Politik verschlechterte dann erneut dic Bedingungen der Sowjetarbeit

(Pietsch), auch wenn die Verfassung der UdSSR von 1924 die Prinzipien des Aufbaus von 1918 übernahm (UdSSR, S.95–108).

1936 wurde eine neue Verfassung verabschiedet, um juristisch den Eintritt in die Phase des Sozialismus zu vollziehen. Klassenunterschiede beim Wahlrecht gab es nun nicht mehr, weil alle ausbeutenden Klassen beseitigt und mit der Kollektivierung die Grundlagen für den Sozialismus in der Landwirtschaft geschaffen worden waren. Die Sowjets wurden jetzt auf jeder Ebene unmittelbar gewählt. Auch in der Zielsetzung unterschied sich die neue Verfassung von den früheren und war damit ebenfalls ein Ausdruck der durch die historische Entwicklung geschaffenen Verhältnisse: das Absterben des Staates wurde ebensowenig angesprochen wie der Eintritt in ein sozialistisches Weltsystem.

Verfassung und Verfassungswirklichkeit klafften jahrzehntelang in vieler Hinsicht weit auseinander. Seit den fünfziger Jahren ist eine Rückkehr zur »sozialistischen Gesetzlichkeit« im Gange, heute gilt die Verfassung sicherlich mehr als vor 30 oder 40 Jahren. 1962 wurde eine Kommission eingesetzt, die die Verfassung, entsprechend dem neuen gesellschaftlichen Entwicklungsstadium, überprüfen sollte. Um deren Arbeit ist es still geworden, das Vorhaben ist aber noch nicht aufgegeben worden.

Der Aufbau der Räterepublik ist nach der Verfassung folgendermaßen geregelt: Die höchste Gewalt ist beim Obersten Sowjet konzentriert, der aus zwei gleichberechtigten Kammern, dem Unions- und dem Nationalitätensowjet, besteht. Der Unionssowjet wird dabei nach dem allgemeinen Wahlrecht, der Nationalitätensowjet nach einem festen Schlüssel gewählt, durch den jede Völkerschaft ein Mitspracherecht erhält. Alle Gesetze müssen von beiden Kammern gebilligt werden. Für den Fall fehlender Übereinstimmung ist eine paritätisch besetzte Schlichtungskommission vorgesehen, die allerdings bisher noch nicht tätig zu werden brauchte. Der Oberste Sowjet tagt zwei- bis dreimal im Jahr. Zwischen diesen Tagungen nimmt das Präsidium die höchsten Funktionen wahr. Es kann zwar keine Gesetze verabschieden, wohl aber Erlasse, die vorläufige Gesetzeskraft besitzen. Zu wichtigen Mitwirkungsorganen sind in letzter Zeit die Ständigen Ausschüsse des Obersten Sowjets geworden, die die Gesetze vorbereiten. Der Oberste Sowjet bestimmt auch den Ministerrat, dessen Vorsitzender in der Praxis vom Generalsekretär der KPdSU vorgeschlagen wird.

Auf den unteren Ebenen ist der Aufbau strukturell ähnlich. Die lokalen Sowjets haben ihre Exekutivkomitees, ihre Beschlüsse werden durch ständige Ausschüsse vorbereitet. Zu diesen Ausschüssen werden nicht nur Deputierte, sondern mehr und mehr auch Außenstehende hinzugezogen. Da in den letzten Jahren zugleich die Kompetenzen der lokalen Sowjets mehrmals erweitert wurden, kann man von einer Ausweitung der Selbstverwaltung sprechen. Die Exekutivorgane sind nach wie vor – neben ihrem Sowjet – dem nächsthöheren Exekutivkomitee unmittelbar rechenschaftpflichtig. Damit soll eine Koordinierung der Verwaltung gewährleistet werden.

Die Wahl der Deputierten ist nach der Verfassung ähnlich geregelt wie in parlamentarischen Ländern. In der Wirklichkeit ist der Unterschied beträchtlich. Die hohe Wahlbeteiligung und die fast einhellige Zustimmung für den einzigen Kandidaten – auf unterer Ebene kommt es hin und wieder auch zur Ablehnung – weisen bereits darauf hin. Entscheidend ist jedoch das der eigentlichen Wahl vorhergehende Verfahren. Der Kandidat wird nämlich in öffentlichen Versammlungen nominiert. Diese Versammlungen finden in Betrieben, Kollektiv- und Sowjetwirtschaften, Institutionen und Truppenteilen statt. Damit wird ein Ausgleich dafür geschaffen, daß die Wahlen nach Wahlkreisen organisiert sind und nicht nach Produktionseinheiten, wie es dem ursprünglichen Räteprinzip entsprach und verschiedentlich heute noch gefordert wird. Der Kandidat wird im allgemeinen von einer Partei- oder gesellschaftlichen Organisation vorgeschlagen. Die Versammlungen können jedoch auch selbständig einen Kandidaten aufstellen. Für Wahlen zu den lokalen Sowjets scheint das häufig zu geschehen. Auf dieser Ebene ist überhaupt, soweit man das den vorhandenen Quellen entnehmen kann, die Diskussion mit den Bewerbern und den bisherigen Deputierten am intensivsten. Die Kandidaten sind im übrigen durchaus nicht nur Mitglieder der Partei. Im Obersten Sowjet ist zur Zeit ungefähr ein Drittel parteilos, in lokalen Sowjets über die Hälfte.

Die Deputierten sind keine Berufsparlamentarier; sie werden nur für die Sitzungstage von ihrer Berufsarbeit freigestellt. Daß dieser Grundsatz bei der Kompliziertheit der meisten Gesetzesvorhaben nicht unproblematisch ist, liegt auf der Hand. Dahinter stehen Vorstellungen traditioneller Räteideen, daß sich der Deputierte nicht von seinen Wählern und seinem Arbeitsplatz entfremden soll. Nach der Verfassung ist er auch verpflichtet, vor seinen Wählern Rechenschaft abzulegen. Er kann jederzeit durch sie abberufen werden. Das dafür vorgesehene Verfahren wurde erst 1959 gesetzlich festgelegt. 1974 beriefen die Wähler 654 Deputierte örtlicher Sowjets ab. Das ist zwar weniger als ein Prozent, aber diese Mitteilung zeugt doch davon, daß die unmittelbare Demokratie gegenüber früher wieder stärker wahrgenommen wird (insgesamt: UdSSR; Staatsordnung; Topornin; Polit. System).

Die Sowjets wählen auf allen Verwaltungsebenen die Gerichte. Dazu können im allgemeinen von Versammlungen der Arbeiter, Angestellten und Bauern am Arbeits- oder Wohnort Volksbeisitzer bestimmt werden. Außerdem gibt es noch Volksgerichte, die von den Bürgern eines Bezirkes oder einer Stadt gewählt werden. Auch wenn die Richter nach der Verfassung unabhängig und nur dem Gesetz unterworfen sind, wird deutlich, daß die Gewaltenteilung im Sinne der parlamentarischen Demokratie durchbrochen ist. Prinzipiell anders werden auch – dies kann hier ebenfalls nur angedeutet werden – die Grundrechte der Bürger verstanden. Das Recht auf Arbeit und Entlohnung, auf Erholung, auf materielle Versorgung im Alter, bei Krankheit und Invalidität, auf Bildung, auf Gleichberechtigung, auf Freiheit des Gewissens, des Wortes, der Presse, von Versammlungen, Kundgebungen und Demonstrationen, auf Vereinigung in gesellschaftlichen Organisationen, auf Unverletzlichkeit der Person, der Wohnung und des Briefgeheimnisses wird schon in der Formulierung nicht abstrakt postuliert, sondern materiell garantiert (z.B. das Recht auf Erholung durch die Festlegung der Arbeitszeit). Damit werden die Rechte an die Entwicklung der Produktivkräfte, überhaupt an den gesellschaftlichen Entwicklungsstand gebunden. Andererseits hat die Vergangenheit gezeigt, daß in schwierigen Phasen der Entwicklung die materiellen Bedingungen für die Verwirklichung der Rechte erheblich eingeschränkt werden können. Bis heute sind wesentliche Einschränkungen nicht überwunden worden (vgl. Paschukanis; Stučka; Marx.-len. Staats- u. Rechtstheorie; v. Beyme, S.276–284).

Verfassungsrechtlich nicht genau definiert ist das Verhältnis zwischen Sowjets und KPdSU. Bereits 1919 legte der VIII. Parteitag fest, daß die Partei die Sowjets zwar politisch leiten, aber nicht ihre Funktionen übernehmen solle (KPSS v rezoljucijach, Bd. 1, S.446). In der Verfassung von 1936 wurde im Unterschied zu den früheren Verfassungen zum erstenmal die überragende Rolle der KPdSU erwähnt. Im Parteistatut von 1961 ist nach wie vor von der Leitung der Sowjets durch die Partei die Rede, ohne daß sie sich an die Stelle der staatlichen Organisationen setzen dürfe. Diese Funktionsabgrenzung ist jedoch nicht so klar, daß es nicht immer wieder zu Überschneidungen käme. Zahlreiche Parteidokumente, auch noch in jüngster Zeit, wenden sich gegen die »kleinliche Bevormundung« der Sowjetorgane durch Parteiinstitutionen. Offenbar verstanden viele Parteifunktionäre die Leitungsaufgabe in der Weise, daß sie der Einfachheit halber auch gleich die Entscheidungen trafen; damit drohte häufig die eigenen Tätigkeit der Sowjets zu erliegen (Roggemann, in: Staatsordnung, S.26–27, 224–225).

Anscheinend soll die Partei die Arbeit der Sowjetdeputierten – wie auch der Mitglieder anderer Organisationen – organisieren, koordinieren, ihre grundsätzliche politische Richtung bestimmen, ohne sie jedoch zu gängeln und ihre Eigeninitiative zu behindern. Auf höchster Ebene ist die Verzahnung noch enger, wie etwa in den gemeinsamen Verordnungen vom Zentralkomitee der KPdSU und Ministerrat der UdSSR sichtbar wird. Wie begründet die Partei ihre Leitungsfunktion?

Im Statut der KPdSU von 1961 heißt es, daß die Partei die »führende und lenkende Kraft der sowjetischen Gesellschaft« sei, daß sie dem Kampf für den Kommunismus einen organisierten, planmäßigen, wissenschaftlich begründeten Charakter verleihe (Staatsordnung, S. 36). Dieser Anspruch einer Partei, die mit rund 14 Millionen Mitgliedern (1971) 6 Prozent der Bevölkerung umfaßt, drückt die Theorie aus, daß das Proletariat – jetzt das ganze Volk – einer Vorhut, einer Avantgarde, als seines bewußtesten Teils bedürfe, die die gesellschaftliche Entwicklung mit wissenschaftlichen Methoden organisiere (vgl. Marx/Engels/Lenin). Diese Theorie wurde unter den Bedingungen der revolutionären Arbeit im Zarenreich ausgebildet. Die Verhältnisse nach der Oktoberrevolution, der Bürgerkrieg, die Überwindung der ökonomischen und kulturellen Rückstände erforderten nach Meinung sowjetischer Autoren die Beibehaltung der Avantgarde-Funktion.

Dabei stand es allerdings nicht von vornherein fest, daß die Bolschewiki die einzige Partei im Land stellen würden. Nach der Oktoberrevolution wurden Verhandlungen mit anderen sozialistischen Parteien geführt, um eine gemeinsame Regierung zu bilden. Sie scheiterten – trotz des Einsatzes einer Minderheit innerhalb der Bolschewiki –, weil einige Parteien die Revolution nicht anerkennen wollten. Lediglich mit den linken Sozialrevolutionären kam eine Koalition zustande. Als diese im Frühjahr 1918 wegen des Friedensschlusses von Brest-Litowsk zerbrach und die linken Sozialrevolutionäre sogar einen Aufstandsversuch unternahmen, wurden sie aus den Sowjets ausgeschlossen. Die Bolschewiki blieben allein in der Regierung. Während des Bürgerkrieges waren alle Parteien verboten, die die Gegenrevolution unterstützten. 1919 und 1920 wurden diejenigen sozialistischen Parteien wieder zugelassen, die sich schließlich für die Sowjetmacht erklärten. In den Sowjets dieser Jahre saßen daher auch Angehörige nichtbolschewistischer Parteien. Sie verschwanden erst während der Neuen Ökonomischen Politik, als die Bolschewiki den teilweisen wirtschaftlichen »Rückzug« mit einer politischen Straffung auszugleichen suchten (Pietsch; Malaško).

Die zukünftige Rolle der Partei ist nicht völlig geklärt. In der Diskussion um das Parteiprogramm von 1961 hat sich die Meinung durchgesetzt, daß die Partei auch im Kommunismus, nach dem Absterben des Staates wichtige Funktionen wahrzunehmen habe, sozusagen in der gesellschaftlichen Selbstverwaltung aufgehen werde (vgl. Meissner, S. 100ff., 220). In der Periode des kommunistischen Aufbaus hat sich die Partei das Ziel gesetzt, diesen Prozeß zu organisieren, die Massen zu aktivieren, ihre Beteiligung an Planung und Verwaltung zu sichern, die sozialistische Demokratie zu erweitern, die kommunistische Erziehung voranzutreiben. Zu diesem Zweck werde die Partei selbst reformiert, um die innerparteiliche Demokratie zu stärken, Machtbildung von Funktionären zu verhindern, den Bürokratismus abzubauen (Meissner, S. 240ff.; vgl. insgesamt Topornin; Hough; Osborn).

Ausdruck dieser Reform war das Parteistatut von 1961. Damit wurde das Statut von 1952 abgelöst, das die Rechte der Parteimitglieder stark eingeschränkt, hingegen den zentralistischen Aufbau überbetont hatte (alle Statuten in: Brunner). An der Organisation der KPdSU hat sich wenig verändert. Die Grundeinheiten werden in Betrieben, Kollektivwirtschaften, Institutionen, Truppenteilen u. ä., aber auch in Dörfern und bei Hausverwaltungen gebildet. Sie haben z. B. das Recht, die Leitung ihrer Einrichtung zu kontrollieren. Darüber stehen die Parteiorganisationen auf den verschiedenen Verwaltungsebenen bis hin zu den Unionsrepubliken. Höchstes Organ ist der Parteikongreß, der nach dem Beschluß des XXIV. Parteitages 1971 mindestens alle fünf Jahre (in Verbindung mit der Beratung des Fünfjahrplanes) tagen soll. Zwischen den Kongressen leitet das Zentralkomitee die Partei; in besonderen Fällen kann eine Parteikonferenz einberufen werden. Das Zentralkomitee führt seine Plenarsitzungen mindestens zweimal im Jahr durch. Dazwischen ist das Politbüro mit dem Sekretariat das zentrale Leitungsorgan. Wichtig ist daneben noch das Komitee für Parteikontrolle, das die Parteidisziplin sichern soll und Beschwerden überprüft.

Nach wie vor folgt die Organisation dem Prinzip des demokratischen Zentralismus, das noch unter den Bedingungen des Zarenreiches entwickelt wurde. Es beinhaltet die Wählbarkeit aller Organe, die periodische Rechenschaftslegung der Organe vor den Organisationen, die sie gewählt haben, und vor den übergeordneten Instanzen, weiter die Unterordnung der Minderheit unter die Mehrheit und der niederen Parteieinrichtungen unter die Beschlüsse der übergeordneten. Sehr viel stärker als früher wird jetzt die Notwendigkeit der Kritik betont, mit der Anmaßung von Organen oder Funktionären, Schlamperei und Bürokratismus bekämpft werden sollen. Die freie Meinungsäußerung bis zur Beschlußfassung wird gewährleistet. Unterdrückung der Kritik soll streng bestraft werden. Gegen die Stalinsche Praxis richtet sich der Angriff gegen den Personenkult und damit zusammenhängender Verstöße gegen die innerparteiliche Demokratie; statt dessen wird die Kollektivität der Leitung hervorgehoben.

Auf eine Ausweitung der innerparteilichen Demokratie ist darüber hinaus die Forderung nach systematischer Erneuerung der Zusammensetzung aller Parteiorgane bedacht, durch die allerdings die Kontinuität der Führung nicht beeinträchtigt werden soll. 1961 war diese Bestimmung zunächst noch konkreter gefaßt worden, indem Einzelheiten des Rotationssystems und Bedingungen der Wiederwahl auf den einzelnen Parteiebenen genau festgelegt wurden. Auf dem XXIII. Parteikongreß 1966 wurden diese Präzisierungen wieder gestrichen, weil dadurch die Wahl der führenden Kader zu schematisch geregelt werde. Immerhin wurden zwischen 1966 und 1971 61 Prozent der Ersten Parteisekretäre in den 50 größten Städten und 24 Prozent der Mitglieder des Zentralkomitees ausgewechselt (v. Beyme, S. 147).

Die Möglichkeiten der innerparteilichen Demokratie sind sehr viel größer als in den Jahrzehnten vor 1961. Andererseits können Praktiken, die dem entgegenstehen, nicht von heute auf morgen beseitigt werden. Die Parteizeitungen berichten immer wieder von Verstößen gegen das Recht auf Kritik, von Verschleppung von Beschwerden und Verbesserungsvorschlägen. Bei Wahlen zu Parteiorganen wird auch jetzt noch in der Regel der Kandidat von der nächsthöheren Instanz vorgeschlagen – ein Verfahren, das im Statut gar nicht vorgesehen ist. Nicht abgewichen ist das Statut vom Grundsatz der »monolithischen Geschlossenheit« der Partei, wie es in der Präambel heißt. Fraktions- und Gruppenbildung gelten als unvereinbar mit dem Verbleib in der Partei.

Das war nicht immer so. Ein Fraktionsverbot wurde erst auf dem X. Parteitag 1921 beschlossen, um nach vorangegangenen heftigen Kontroversen über die Organisation der Wirtschaft und die Rolle der Gewerkschaften sowie in der schwierigen politischen Lage eine Parteispaltung zu verhindern und einheitlich auftreten zu können. Die Diskussionsfreiheit sollte dadurch – wie in einer anderen Resolution gefordert wurde – nicht eingeschränkt werden. Innerparteiliche Auseinandersetzungen gehörten vor und nach der Revolution zum Bild der Bolschewiki. Die Organisationsfrage, das Verhalten bei den Duma-Wahlen, die Bündnispolitik, das Verhältnis zur Provisorischen Regierung, die Einstellung zur Losung »Alle Macht den Sowjets«, die Frage einer Koalitionsregierung zwischen allen sozialistischen Parteien nach dem Oktoberumsturz, der Friedensschluß von Brest-Litowsk, die Methode des sozialistischen Aufbaus – das waren einige der Themen, über die innerhalb der Partei gestritten wurde und bei denen sich die Parteiführung oder Lenin durchaus nicht immer durchsetzen konnten.

Auch nach dem Fraktionsverbot starb die innerparteiliche Demokratie nicht ab. Die Auseinandersetzung um die Akzente, ob primär die weltrevolutionären Bestrebungen unterstützt oder zunächst der »Sozialismus in einem Land« aufgebaut werden sollten, wurde ebenso öffentlich und mit großer Schärfe geführt wie die Industrialisierungs- und Planungsdebatten. Häufig sind diese Diskussionen von westlichen Forschern als Machtkämpfe interpretiert worden. Diese Auffassung geht jedoch zu sehr vom Ergebnis der Entwicklung, von der Durchsetzung Stalins und der Ausschaltung jeglicher offenen Opposition aus. In erster Linie waren die verschiedenen Meinungen durch die widersprüchliche Lage Sowjetrußlands bestimmt, die unterschiedlich analysiert wurde. Daß dabei auch Machtkämpfe ausgetragen wurden, liegt in der Sache begründet: Meinungen müssen politisch in die Tat umgesetzt werden. Allerdings wurden in einem früher nicht gekannten Ausmaß von der Parteiführung zunehmend administrative Mittel eingesetzt, um die jeweilige Opposition zu schwächen. Allzuleicht warf man dabei den innerparteilichen Gegnern Verstöße gegen das Fraktionsverbot vor. Diese Politik wurde durch die verworrene Situation Ende der zwanziger Jahre begünstigt, als die meisten Parteimitglieder eine einheitliche, geschlossen handelnde Partei wünschten, um mit den Gefahren fertig zu werden (Protokoly; Geschichte der KPdSU; Daniels).

Innerparteiliche Kontroversen blieben selbst nach den »Säuberungen« der dreißiger Jahre nicht völlig aus. Einzelheiten sind darüber jedoch noch kaum bekannt. Mehr in die Öffentlichkeit drangen dann wieder die Auseinandersetzungen über die zukünftige Politik nach Stalins Tod, über die »Entstalinisierung«, über eine Neudefinition der führenden Rolle der Partei, insbesondere auf wirtschaflichem Gebiet (Conyngham). Diese Debatten scheinen aber vor allem in den Führungsgremien, weniger in den unteren Parteiorganisationen geführt worden zu sein. Das Statut von 1961 und die gleichzeitig diskutierte Neubestimmung der Rolle der Partei haben zu einigen Veränderungen geführt. Das Statut enthält jedoch immer noch Elemente, die historisch belastet sind und Verhaltenstraditionen, wie den hierarchischen Entscheidungsprozeß und eine Gängelung innerparteilicher Kritik, fördern.

Die Diskussion in den sechziger Jahren über die Rolle der Partei war ein Ausdruck dessen, daß die Parteimitglieder auf die neuen ökonomischen Aufgaben nicht vorbereitet waren (s. II. Kapitel). Daß hier eine Wandlung stattgefunden hat, zeigen die Veränderungen im Ausbildungsstand der Parteifunktionäre und Parteimitglieder (s. Tab. S. 90; Angaben in Prozent, nach Polit. System).

Die komplexer werdende Struktur von Wirtschaft und Gesellschaft hat darüber hinaus die Frage aufgeworfen, ob denn eine Anpassung der verantwortlichen Parteimitglieder in Ausbildung und Position an die neuen Bedürfnisse genüge, ob nicht

	Sekretäre von Grundorganisationen		Parteimitglieder	
	1956	1971	1956	1971
Elementarbildung	20,6	1,0	28,4	18,8
Unvollständige Elementarbildung	–	–	5,0	0,0
Mittlere Bildung	29,5	44,8	22,2	34,3
Nichtabgeschlossene mittl. Bildung	30,6	10,3	29,6	24,9
Höhere Bildung	11,4	38,1	11,2	19,6
Nichtabgeschlossene höhere Bildung	7,9	5,4	3,6	2,4

vielmehr eine noch weitergehende Demokratisierung der Partei, ja sogar eine Zulassung weiterer Parteien notwendig sei. Diese Frage wurde schon einmal 1926 im Zuge der damaligen innerparteilichen Auseinandersetzungen gestellt: Entweder müsse es verschiedene Fraktionen in der Partei oder mehrere sozialistische Parteien geben, damit die unterschiedlichen sozialen Interessen ihren politischen Ausdruck finden könnten (Lewin 1974, S. 354).

Inzwischen hat sich die Gesellschaftsstruktur radikal geändert, so daß diese Forderung nicht einfach übertragbar ist (s. Tab. S. 91; UdSSR in Zahlen, S. 17).

Die Zuordnung der einzelnen Bevölkerungsgruppen zu den angegebenen Klassen ist in der Sowjetunion methodologisch durchaus umstritten, wenn es auch über die grundsätzlichen Entwicklungstendenzen keine Differenzen geben dürfte (vgl. Senjawski/Telpuchowski, S. 20, 35 ff.). Zu den Arbeitern werden auch die Beschäftigten in Sowjetgütern gezählt. Am schwierigsten ist der Begriff der Angestellten zu bestimmen. Unter ihn fallen Verwaltungspersonal, Wissenschaftler, Ingenieure, Lehrer, Ärzte, Schriftsteller usw. Zum Teil unterscheidet sich die Tätigkeit der Angestellten kaum von der vieler Arbeiter, zum Teil jedoch ganz erheblich. Die methodologische Diskussion darüber ist noch nicht abgeschlossen. Auf jeden Fall

	1913	1928	1959	1974
Gesamtbevölkerung	100	100	100	100
Darunter:				
Arbeiter und Angestellte	17	17,6	68,3	82,2
Arbeiter allein	14,6	12,4	49,5	60,6
Kolchosbauern und Genossenschaftshandwerker	–	2,9	31,4	17,8
Einzelbauern und -handwerker	66,7	74,9	0,3	–
Bourgeoisie, Gutsbesitzer, Händler, Kulaken	16,3	4,6	–	–

wird man sich hüten müssen, an kapitalistischen Gesellschaften gewonnene Schichtungsmodelle (z.B. Ober-, Mittel-, Unterschicht mit zahlreichen Differenzierungen) ohne Berücksichtigung der neuen Produktions- und Klassenverhältnisse auf die sowjetische Gesellschaft zu übertragen, wie dies einige westliche Wissenschaftler tun (vgl. Jahn, in: Sozioökon. Bedingungen, S. 20). So ist es fraglich, ob ein Betriebsleiter, der formal in beiden Gesellschaftsformen zur Oberschicht gerechnet werden könnte, jeweils die gleichen objektiven und subjektiven Interessen hat. Vorweg müssen seine Stellung im Produktionsprozeß, seine Funktionen im Betrieb, sein Verhältnis zu den Produktionsmitteln, seine Beziehung zu anderen Bevölkerungsgruppen, die Möglichkeit seiner Kontrolle und Abberufbarkeit u.ä. untersucht werden.

Die KPdSU ist nicht einfach ein Spiegelbild der sowjetischen Gesellschaftsstruktur (vgl. historisch: Rigby). 1971 stellten die Kolchosbauern rund 15 Prozent der Parteimitglieder und Kandidaten und waren damit nicht wesentlich unterrepräsentiert. Hingegen waren die Arbeiter nur mit 40 Prozent vertreten, die Angestellten (im weitesten Sinn, also einschließlich der hauptamtlichen Funktionäre) mit 45 Prozent (Statist. Angaben in: Polit. System). Die Partei ist auf sie angewiesen, um ihre Leitungsfunktionen sachgerecht ausüben zu können. Immerhin ist der Anteil der Arbeiter beträchtlich gestiegen, 1953 betrug er lediglich 32 Prozent. Dieser Prozeß drückt nicht zuletzt das gestiegene Bildungsniveau der Arbeiter aus, wahrscheinlich auch eine bewußte Politik der Partei, mehr Arbeiter an der Verwaltung der Gesellschaft zu beteiligen (vgl. Matthews, S. 213 ff.).

Sowjetische Autoren argumentieren, daß es nach der Beseitigung des Privateigentums an Produktionsmitteln und aller Ausbeuterklassen keine antagonistischen sozialen Interessen mehr gebe. Zugleich könne Demokratisierung kein Ziel an sich sein, sie dürfe die Steigerung der Produktion und die Lösung sozialer Probleme nicht behindern (z. B. Shahnazarov). Diese Meinung spiegelt das Dilemma wider, vor dem die KPdSU häufig in ihrer Geschichte stand: Entwicklung der Demokratie oder Entwicklung der Produktion, obwohl sie beides vereinen wollte. Das lag nicht nur, wie manche Kritiker im Westen meinen (vgl. Heidt/Mangeng, in: Übergangsgesellschaft), an einer bestimmten Interpretation des Marxismus, an den Nachwirkungen der Bedingungen im Zarenreich oder am Zauber neuer Technologien, mit denen die kommunistische Gesellschaft schnell erreichbar zu sein schien. Das Dilemma rührte vielfach aus der ökonomischen und politischen Lage her – im Bürgerkrieg, in der katastrophalen Situation zu Beginn der Neuen Ökonomischen Politik, ja auch noch gegen Ende der zwanziger Jahre, um nur drei Beispiele zu nennen. Eine Auflockerung der zentralisierten Kontrolle und Koordinierung drohte zum totalen Zusammenbruch der Produktion und damit zum Ruin der Sowjetmacht zu führen. Alles kam darauf an, die wirtschaftliche Situation zu verbessern. Immerhin wurde oft versucht, wie etwa die Diskussionen und Maßnahmen 1920 zeigen, einen Mittelweg zu finden und die Möglichkeiten für eine sozialistische Demokratie zu erweitern. Genaue Untersuchungen haben im jeweiligen Fall konkret zu analysieren, wo und warum zusätzliche Möglichkeiten versäumt wurden.

Heute ist der Druck bei weitem nicht mehr so stark wie in den Anfangsjahren der Sowjetmacht. Das Dilemma müßte demnach leichter aufzuheben sein. Wiederum verschwinden aber historisch bedingte Verhaltensweisen und Denkkategorien nicht ohne weiteres. Die Diskussionen in den sechziger Jahren machen deutlich, daß dieses Problem von vielen gesehen, daß nachdrücklich auf die Notwendigkeit einer weiteren Demokratisierung hingewiesen wird (vgl. II. Kapitel).

Ein Mehrparteiensystem wird indessen nur von jenen gefordert, die davon überzeugt sind, daß in der UdSSR neue antagonistische soziale Interessen-, wenn nicht Klassengegensätze entstanden sind oder zumindest die Tendenz dazu besteht. Innerhalb der Sowjetunion wird diese Auffassung von einigen Oppositionellen vertreten, von denen besonders die Äußerungen einer Reihe von Schriftstellern und Wissenschaftlern im Westen bekannt geworden sind. Im allgemeinen setzte deren Kritik beim Fortbestehen von Praktiken ein, die man für unvereinbar mit einer sozialistischen Gesellschaft hielt und von denen man gehofft hat, sie würden nach dem Aufdecken der Verbrechen während der Stalinzeit gänzlich verschwinden: Praktiken der Geheimpolizei und Einweisung in Arbeitslager oder psychiatrische Anstalten. Zwar wurde das Ausmaß jener Praktiken erheblich eingeschränkt und die sozialistische Gesetzlichkeit gestärkt, aber ganz verschwanden administrative Anordnungen und Übergriffe der Geheimpolizei nicht; in den letzten Jahren scheint sogar eine Verhärtung eingetreten zu sein. Mehrere Oppositionelle, die zunächst lediglich Verbesserungen innerhalb des Systems vorgeschlagen hatten, wurden dadurch zu Systemkritikern (Lewytzkyj).

Die bekanntgewordenen Stellungnahmen jener Oppositionellen – die man natürlich nicht über einen Kamm scheren kann, das politische Spektrum ist außerordentlich breit – beschränken sich im allgemeinen auf eine Beschreibung selbst erlebter oder vermittelter Erfahrungen und Beobachtungen. Eine umfassende, fundierte historisch-soziologische Analyse fehlt bislang; das mag mit den erschwerten Arbeitsbedingungen dieser Kritiker zusammenhängen. In ihrem Hinweis auf neue soziale Antagonismen treffen sie sich mit Meinungen, die im Westen verbreitet sind. Hier wird von der Herrschaft der Bürokratie, von einer »neuen Klasse« gesprochen. Auch diesen Deutungen fehlt überwiegend die theoretische Fundiertheit (s. VI. Kapitel).

Ein realer Kern in den gesellschaftlichen Phänomenen kann ihnen aber sicher nicht abgesprochen werden. In der Sowjetunion selbst spürt eine in den sechziger Jahren intensivierte soziologische Forschung diesen Phänomenen nach und versucht, sie auf ihre Hintergründe zu analysieren (vgl. Soziologie; Lane; Matthews; Brus 1975; zum Ausdruck im Alltagsleben vgl. die Beschreibung von J. Miller: hier fehlt allerdings noch eine systematische Untersuchung). Dabei ist klar geworden, daß die UdSSR kein konfliktfreies Land ist. Es ist auch klar geworden, daß die Austragung der Konflikte durchaus nicht widerspruchsfrei verläuft; darauf wurde schon verschiedentlich hingewiesen. Viele Mängel wurden abgestellt, die Möglichkeiten für eine Mitwirkung bei Planung und Verwaltung in der Wirtschaft, für eine Mitarbeit in den Sowjets, für die innerparteiliche Demokratie wurden erweitert. Die Zahl des hauptamtlichen Verwaltungspersonals in staatlichen und wirtschaftlichen Behörden ist von 5,4 Prozent (1940) auf 2,2 Prozent (1974) aller in der Volkswirtschaft Beschäftigten zurückgegangen (UdSSR in Zahlen, S. 162–165). 1971 zählten nur 8 Prozent aller Angestellten, die der KPdSU angehörten, zum Leitungspersonal. 27,6 Prozent der Mitglieder von Kreis-, Stadt- und Rayonkomitees der Partei waren 1970/71 Leiter oder Parteifunktionäre, die übrigen Arbeiter, Bauern, Ingenieure, Wissenschaftler, Lehrer usw. (Polit. System). Der hauptamtliche Parteiapparat ist von 1957 bis 1971 um 20 Prozent abgebaut worden (Parteitag, S. 183). Die früheren hohen Lohndifferenzen wurden einander angeglichen. Der Bildungsstand der Bevölkerung nimmt rasch zu, hervorstechende Formen der Arbeitsteilung gehen zurück. Immer größere Anteile des gesellschaftlichen Mehrprodukts fließen in den gesellschaftlichen Konsumtionsfonds sowie in sonstige Fonds, über die die Werktätigen unmittelbar verfügen oder über deren Verteilung sie zumindest mitbestimmen.

Solche Beispiele ließen sich weiterführen. Umstritten ist die Interpretation dieser Fakten. Vielfach heißt es, das seien bescheidene Verbesserungen, die zur Anpassung an die Bedingungen der komplexer werdenden Gesellschaft dienten. Dadurch werde im Grunde die Herrschaft der »Bürokraten« verschiedenster Schattierungen (Parteifunktionäre, Militär, Betriebsleiter usw.) nur noch besser abgesichert. Dagegen läßt sich geltend machen, daß sich in den Veränderungen die Tendenz ausdrückt, die historischen Belastungen der sowjetischen Gesellschaft allmählich und in einem sicher mit Rückschlägen behafteten Prozeß zu überwinden. Damit könnte zugleich ein Interessenantagonismus nicht behauptet werden (vgl. VI. Kapitel).

V. Die Sowjetunion im internationalen System

Die Bolschewiki traten 1917 die Macht in dem Bewußtsein an, daß sie das schwächste Glied in der Kette des Kapitalismus zerrissen hatten – daß nun über kurz oder lang in weiteren Ländern das Proletariat siegen, daß die »Ära der Weltrevolution« eröffnet werde. Es herrschte die Meinung vor, daß sich in dem lediglich punktuell industrialisierten Agrarland der Sozialismus nur dann durchsetzen werde, wenn es auch in den ökonomisch fortgeschrittenen Ländern zu einer proletarischen Revolution komme. Die Weltrevolution blieb jedoch aus, der Kapitalismus stabilisierte sich in den zwanziger Jahren wieder. Der Aufbau Sowjetrußlands mußte aus eigener Kraft vollbracht werden. Inzwischen hat sich die Lage verändert: Mehrere Länder zählen sich zum sozialistischen System. Sie erreichten 1974 rund 40 Prozent der industriellen Weltproduktion (UdSSR in Zahlen, S. 52). Damit hat jedoch der Sozialismus im Weltmaßstab noch nicht gesiegt. Die sozialistischen Länder haben sich von den kapitalistischen auch nicht isoliert, sondern stehen in vielfältigen politischen, ökonomischen, wissenschaftlichen und kulturellen Beziehungen mit ihnen. Wie die internationalen Bedingungen die sowjetische Gesellschaftsordnung beeinflussen und wie umgekehrt die gesellschaftlichen Verhältnisse in der Sowjetunion auf deren internationale Politik gewirkt haben, ist bislang kaum untersucht worden. Der Schwerpunkt lag überwiegend auf einer Beschreibung der sowjetischen Außenpolitik. Daher können nur Vermutungen und Forschungsansätze genannt werden.

Zunächst hatte es so ausgesehen, als ob es gar keine »normale« Außenpolitik der neuen Sowjetrepublik geben werde. Trotzki, der erste Volkskommissar für Auswärtige Angelegenheiten, drückte – wenngleich übertreibend – die Tendenz richtig aus, als er nach seiner Amtsübernahme sagte: »Ich werde einige revolutionäre Proklamationen an die Völker erlassen und dann die Bude schließen« (Trotzki 1974, S. 296). Noch im Oktober 1918 schrieb Tschitscherin, der jetzt an der Spitze des

Volkskommissariats stand, unter Mißachtung aller Regeln der traditionellen Diplomatie an den Präsidenten der USA: Sowjetrußland wolle keinen Krieg, »selbst nicht, wo Ihre Regierung noch nicht durch den Rat der Volkskomissare ersetzt (. . .) ist« (Fischer, S. 18). Die Verhandlungen in Brest-Litowsk wurden größtenteils öffentlich geführt, die sowjetische Delegation wandte sich dabei nicht nur an die jeweiligen Regierungen, sondern auch an die Völker der kriegführenden Länder. Dennoch mußten sich hier die Bolschewiki zum erstenmal zwischen internationalistischer Politik und Überleben entscheiden. Die heftigen innerparteilichen Differenzen zeigen die Tiefe des Dilemmas (vgl. Brest-Litovsk).

Die Verfassung der Russischen Sozialistischen Föderativen Sowjetrepublik (RSFSR) von 1918 war aber nach wie vor offen für Anschlüsse weiterer Staaten. 1919 wurde die III. Kommunistische Internationale (Komintern) mit dem Ziel gegründet, die Weltrevolution zu fördern. Alle Ansätze dazu scheiterten jedoch. Daneben mußte sich die Sowjetmacht in Bürgerkrieg und Intervention behaupten. Bilaterale Verhandlungen waren nötig, um nach und nach Frieden schließen zu können. Allerdings: immer wieder gab es Augenblicke, in denen die sowjetische Führung bereit war, Verhandlungen abzubrechen, wenn dies weltrevolutionäre Bestrebungen begünstigte (z. B. während des russisch-polnischen Krieges von 1920). Nach dem Fehlschlagen der revolutionären Erhebungen in Deutschland 1921 und 1923 und nach der Herausbildung der Neuen Ökonomischen Politik verschoben sich allmählich die Akzente: Die Bedürfnisse Sowjetrußlands gewannen Vorrang. Man mußte sich auf ein Zusammenleben, auf eine Ko-Existenz mit den kapitalistischen Ländern einrichten. In geregelten Wirtschaftsbeziehungen mit dem Ausland, die die Sowjetregierung von Anfang an nicht ausgeschlossen hatte, sah man die Möglichkeit, den wirtschaftlichen Wiederaufbau zu erleichtern. Diese Hoffnung erfüllte sich ebensowenig wie der Wunsch nach einer Normalisierung der politischen Beziehungen – ihre Labilität war zu offensichtlich. Das Trauma der Einkreisung durch den Kapitalismus, das Trauma der »belagerten Festung«, das seit

Bürgerkrieg und Intervention nachwirkte, wurde durch diese ständige Bedrohung der Ko-Existenz noch verstärkt. Bis heute ist in der Forschung nicht eindeutig geklärt, wie groß die reale Kriegsgefahr Mitte und Ende der zwanziger Jahre, wie weit die sowjetische Führung im Trauma der Einkreisung durch den Kapitalismus gefangen war oder wie sehr sie die Furcht vor einer äußeren Drohung als Mittel benutzte, um ihre Politik durchzusetzen. Unumstritten ist die Beeinflussung der innenpolitischen Entscheidungen durch die internationalen Gegebenheiten dieser Zeit (s. II. Kapitel).

Innere Entwicklung und internationale Politik schlugen sich auch in den Debatten der zwanziger Jahre nieder. Gegen einen Aufbau des Sozialismus in vorläufig nur einem Land hatte niemand etwas. Es ging darum, ob die Entwicklung in der Sowjetunion unbedingten Vorrang vor der Unterstützung möglicher revolutionärer Bestrebungen in anderen Ländern haben solle. Als sich die Befürworter dieser Konzeption, die mit dem Namen Stalins verbunden ist, gegen die Opposition um Trotzki – der den Abschluß der »permanenten Revolution« im nationalen Rahmen für undenkbar hielt – durchgesetzt hatte, bedeutete das in der Praxis, daß sich die internationale kommunistische Bewegung häufig an den Bedürfnissen der Sowjetunion und weniger an ihren eigenen zu orientieren hatte.

Die Konzeption des »Sozialismus in einem Land« und die innere Labilität der Sowjetunion infolge der Industrialisierungs- und Kollektivierungspolitik bedingten eine Außenpolitik, die mit allen Mitteln die Sicherheit der Sowjetunion gewährleisten mußte. Die Theorie der »friedlichen Koexistenz« – die Möglichkeit friedlichen Zusammenlebens von Staaten unterschiedlicher Gesellschaftsordnung bei Fortbestehen des ideologischen Kampfes – wurde nun endgültig zur außenpolitischen Maxime erhoben. Konsequenterweise kümmerte sich die sowjetische Diplomatie nicht um die Herrschaftsform des Staates, mit dem sie verhandelte; parlamentarische, autoritäre und faschistische Systeme wurden als Formen bürgerlicher Herrschaft verstanden. Man mußte mit allen Verträge abschließen, wenn man den Frieden erhalten wollte.

In einer ersten Phase versuchte die Sowjetunion, sich durch den Abschluß von bilateralen Nichtangriffspakten und durch weitreichende Abrüstungsvorschläge, die internationales Aufsehen erregten, abzusichern, dann durch den Eintritt in den Völkerbund (1934) an der »kollektiven Sicherheit« teilzuhaben. Die nationalsozialistische Außenpolitik, die eine Änderung der bestehenden internationalen Verhältnisse beabsichtigte, erzwang einen Kurswechsel: In einer zweiten Phase wurden antifaschistische Volksfront-Bündnisse gefördert, die vor allem in Frankreich (Volksfront-Regierung 1936–1938) und im Spanischen Bürgerkrieg (1936–1939) zum Tragen kamen. Konflikte mit außenpolitischen Bündnispartnern durch Radikalisierungen der Volksfront wurden dabei möglichst vermieden. Dennoch wurde spätestens mit dem Münchener Abkommen von 1938 über das Schicksal der Tschechoslowakei deutlich, daß die UdSSR nicht ernsthaft mit der Unterstützung der Westmächte gegen das nationalsozialistische Deutschland rechnen konnte. Die Militärverhandlungen mit Großbritannien und Frankreich im August 1939 bewiesen erneut die abwartende Haltung der beiden Staaten. Der sowjetischen Führung erschien es deshalb als ein Gebot der Zweckmäßigkeit, ihre Politik gegenüber dem Deutschen Reich zu ändern: Am 24. 8. 1939 wurde ein Nichtangriffspakt abgeschlossen. Ein geheimes Zusatzprotokoll regelte die Aufteilung Polens und der baltischen Staaten in Interessensphären. Ende 1939 und 1940 gliederte sich die Sowjetunion Ostpolen und die baltischen Staaten, Bessarabien und die Nordbukowina ein. Die antifaschistische Widerstandsbewegung wurde von dieser Politik tief getroffen.

Der Krieg mit dem Deutschen Reich konnte jedoch trotz mehrerer Zugeständnisse der UdSSR nicht vermieden werden. Am 22. 6. 1941 überschritten deutsche Truppen die sowjetische Grenze. Das Bündnis der Anti-Hitler-Koalition, in das die Sowjetunion nun eingeschlossen wurde, überdauerte den Sieg über das Deutsche Reich 1945 nicht lange. Es zerbrach über Konflikte hinsichtlich der Zukunft Deutschlands sowie des ost- und südosteuropäischen Raumes. Auch der sowjetische Rückgriff auf eine antifaschistische Volksfront-Konzeption – die

»Volksdemokratie« – erregte das Mißtrauen der kapitalistischen Partner, obwohl die UdSSR bemüht war, die internationalen Interessen der Westmächte nicht zu verletzen: Der kommunistische Aufstand in Griechenland wurde nicht gegen den britischen Eingriff unterstützt, die starken kommunistischen Parteien in Frankreich und Italien nicht zur Revolutionierung der Gesellschaftsordnung angehalten. In der Forschung ist bis heute umstritten, wie weit das sowjetische Sicherheitsinteresse auf der einen und die antikommunistische Politik der USA, verbunden mit dem Bestreben nach ökonomischer Expansion, auf der anderen Seite für den Bruch der Beziehungen und die Entstehung des »Kalten Krieges« verantwortlich waren.

Erneut stand die Frage des Konfliktes zwischen Kapitalismus und Sozialismus auf der Tagesordnung, der jederzeit in eine bewaffnete Auseinandersetzung umschlagen konnte. Aber die Bedingungen gegenüber der Vorkriegszeit hatten sich entscheidend verändert. Die Entstehung der Volksdemokratien in Ost- und Südosteuropa, die dann auch den Weg zum Aufbau des Sozialismus beschritten, der Sieg der Kommunisten in China und die militärische Stärke der Sowjetunion verringerten allmählich das Risiko der kapitalistischen »Einkreisung«. Allerdings dauerte es bis in die sechziger Jahre, daß sich die weltpolitischen Verschiebungen einpendelten. Mehrmals – wie in der Korea-, Berlin- und Kubakrise – drohte ein neuer Weltkrieg. Inzwischen hat sich ein weltweiter Entspannungsprozeß durchgesetzt. Er hat in den jüngsten Verträgen der UdSSR mit den USA, mit Großbritannien, Frankreich und schließlich auch mit der BRD, die neben der Entwicklung der wirtschaftlichen, wissenschaftlichen und kulturellen Beziehungen die Begrenzung von Atomtests und Rüstungsanstrengungen, politische Konsultationen und den gegenseitigen Gewaltverzicht zum Gegenstand haben, sowie in der Konferenz für Sicherheit und Zusammenarbeit in Europa (KSZE) seine vorläufigen Höhepunkte erreicht. Die Existenz der sozialistischen Länder wird nicht mehr in Frage gestellt. Die »friedliche Koexistenz« scheint in der Tat möglich zu sein. Das derzeitige Gleichgewicht in der Weltpolitik ist jedoch höchst labil. Die Gegensätze zwischen sozialistischen Ländern, insbesondere zwischen der UdSSR und der Volksrepublik China; Aufstände, Unruhen, gesellschaftliche Veränderungen in Ländern, die dem jeweils anderen »Lager« zuzurechnen sind; nationale Befreiungskriege – all das kann jederzeit zu Veränderungen der internationalen Konstellation führen. Selbst eine der Voraussetzungen des Gleichgewichts, die gegenseitige militärische Abschrekkung, ist löcherig und stellt eine ständige Gefahr für den Frieden dar (vgl. insgesamt: Osteuropa-Handbuch, Außenpolitik; Geschichte der sowjet. Außenpolitik).

Bereits diese Andeutungen einiger grober Linien geben wichtige Hinweise auf die Stellung der Sowjetunion im internationalen System, die näher untersucht werden müssen. Es wird klar, daß die in der »Ostforschung« und Sowjetologie beliebte These von der Kontinuität der zaristischen Außen-, insbesondere Expansionspolitik in der internationalen Politik der UdSSR so einfach nicht haltbar ist. Diese Auffassung stützt sich im wesentlichen auf die Eingliederung einiger Länder zwischen 1939 und 1941 sowie auf die Ausdehnung des sowjetischen Einflußbereiches in Ost- und Südosteuropa im Gefolge des 2. Weltkrieges (Grundfragen). Wodurch soll aber ein solch kontinuierlicher Expansionsdrang bedingt sein? Eher ist dem Sicherheitsinteresse der Sowjetunion zumindest seit Ende der zwanziger Jahre der Primat zuzuerkennen. Dafür lassen sich innenpolitische Faktoren – die Labilität des Systems auf Grund von Industrialisierung und Kollektivierung – und bittere Erfahrungen – die Intervention nach 1918, die krisenhaften außenpolitischen Beziehungen in den zwanziger Jahren, dann der Überfall des nationalsozialistischen Deutschlands – anführen. Zahlreiche Beispiele – etwa in den Beziehungen zu Jugoslawien, Albanien und China – zeigen, daß die Sowjetunion lieber einen Verlust ihres Einflusses in Kauf nahm, als ihre Möglichkeiten zu überspannen und damit ihre Sicherheit aufs Spiel zu setzen.

Statt von der Existenz einer Kontinuität auszugehen, der dann die historischen Fakten zugeordnet werden, müssen die jeweils besonderen Verhältnisse und Bedingungen berücksichtigt werden; dazu gehören natürlich auch längerfristige Zielvorstellungen. Durch eine solche Analyse können situationsbezogene außenpolitische Reaktionen von grundsätzlicheren Konzeptionen und von Einflüssen im internationalen System, die für längere Zeit gültig sind, getrennt werden.

So ist etwa herausgearbeitet worden, daß die Sowjetunion im Unterschied zu kapitalistischen Ländern keine Politik der »Absicherung sich ausweitender Absatzmärkte zur Expansion aus Kapitalverwertungsschwierigkeiten« verfolgt. Auch die strategischen Ansprüche, zum Beispiel im Mittelmeer, sind nicht aus dem Bedürfnis zur Absicherung von Märkten und Rohstoffquellen zu erklären (Jahn, in: Sozioökon. Bedingungen, S. 30–31). Wenngleich hier immer noch Sicherheitsinteressen im Rahmen des labilen internationalen Gleichgewichts sichtbar werden, so sind sie wahrscheinlich nicht mehr so vordringlich wie in der Vergangenheit, als die Sowjetunion weder in ihren inneren noch in den auswärtigen Beziehungen konsolidiert war. Heute muß untersucht werden, ob nicht – unter Wahrung der Sicherheit – andere Faktoren wesentlicher geworden sind. Solche Untersuchungen stehen noch aus.

In diesem Zusammenhang wäre zu fragen, ob ein Interesse an weitreichenden Abrüstungsmaßnahmen im Mittelpunkt der sowjetischen Außenpolitik steht, um die hohen Rüstungsausgaben senken und dafür die innere Entwicklung vorantreiben zu können. Im Programm der KPdSU von 1961 heißt es einschränkend nach der Aufzählung der Maßnahmen, die in den folgenden beiden Jahrzehnten die Lebensbedingungen der Bevölkerung verbessern sollen: »Dieses Programm kann unter Verhältnissen des Friedens erfolgreich verwirklicht werden. Treten internationale Komplikationen ein und wird es dadurch notwendig, die Ausgaben für die Landesverteidigung zu steigern, so kann dies die Ausführung der Pläne zur Hebung des Volkswohlstandes verzögern«. Eine Senkung der Militärausgaben werde hingegen noch weitere Möglichkeiten schaffen (Meissner, S. 213). In der Tat belastet der Verteidigungshaushalt die sowjetische Wirtschaft – und damit die gesellschaftliche Entwicklung – nach wie vor stark. Tendenzen zur Verringerung dieses Etats sind jedoch festzustellen (vgl. Tiedtke, in: Sozioökon. Bedingungen). Sein Anteil am Gesamtbudget sank von 12,6 Prozent (1965) auf 8,9 Prozent (1974), während der Anteil der Ausgaben für die Volkswirtschaft von 44,2 Prozent auf 50,8 Prozent stieg (UdSSR in Zahlen, S. 47). Vielfach wird geltend gemacht, daß damit die »versteckten« Rüstungskosten nicht erfaßt seien; die Berechnungen darüber differieren jedoch erheblich (vgl. HSFK-Gruppe, S. 29 ff.).

Darüber hinaus ist die sowjetische Rüstungspolitik zum Ausgangspunkt theoretischer Kontroversen geworden (vgl. VI. Kapitel). Sowjetische Autoren vertreten die Auffassung, Militär und Rüstungsindustrie hätten rein instrumentellen Charakter, könnten also bei nachlassenden internationalen Spannungen oder dem internationalen Sieg des Sozialismus in zivile Sektoren integriert werden. Dagegen setzen die Anhänger der im Westen aufgestellten Totalitarismustheorie auf eine alles beherrschende Parteiführung, die aus Expansionsinteressen und im Widerspruch zu den Interessen der Bevölkerung ein starkes Militär unterhalte. In jüngster Zeit löste eine modifizierte Pluralismustheorie diese Konzeption ab. Danach sollen – wie in den kapitalistischen Ländern – auch in der UdSSR verschiedene Interessengruppen um politischen Einfluß ringen. Dabei habe sich auch eine Form des »militärisch-industriellen Komplexes« herausgebildet. Darunter wird eine enge, aber doch vielschichtig-differenzierte Verknüpfung von Militär und Vertretern der Rüstungs- und Schwerindustrie verstanden. Dieser »Komplex« habe sich weitgehend gegenüber anderen Interessengruppen durchgesetzt, die Parteiführung ordne ihm ihre Entscheidungen unter oder sei sogar in ihn eingeschlossen.

Beide westlichen Thesen entbehren einer empirischen Absicherung. Zudem wurde bei der Konzeption von Interessengruppen unreflektiert eine an kapitalistischen Ländern gewonnene Vorstellung auf eine andere Gesellschaftsordnung übertragen. Zwar hat der Artikulationsspielraum für kontroverse Meinungen in der Sowjetunion zugenommen, aber organisierte Gruppeninteressen, die mit denen im Kapitalismus methodisch vergleichbar wären, können nicht nachgewiesen werden. Noch weiter verfolgt werden muß die Frage, ob sich nicht auch in der UdSSR die Rüstungsdynamik verselbständigt habe und daraus gefährliche Tendenzen für die gesamtgesellschaftliche Entwicklung entstanden seien. Hier sind aber bislang keine adäquaten Untersuchungskategorien gebildet worden. Das mag – abgesehen von theoretischen Implikationen – daran liegen, daß die Materialgrundlage außerordentlich beschränkt ist (HSFK-Gruppe, S. 3ff., 87ff.).

Umstritten und ebenfalls noch unzureichend erforscht bleibt weiterhin die Frage, wie der Einfluß des Kapitalismus auf die inneren Verhältnisse der Sowjetunion zu beurteilen ist, solange sie im internationalen System eine mehr oder weniger isolierte Stellung einnimmt und eine Koexistenz-Politik verfolgt. Der Sozialismus mußte in einem gegenüber den hochindustrialisierten Ländern des Westens ökonomisch und kulturell zurückgebliebenen Land aufgebaut werden. Bedingte nicht die Notwendigkeit, das Niveau des Kapitalismus »einholen und überholen« zu müssen, eine Fixierung auf dessen Normen, die ihre Wirkung auf die innere Verfassung der Sowjetgesellschaft nicht verfehlen konnte?

Die UdSSR ist ein Staat unter Staaten geblieben, und auch die Integration der im Rat für Gegenseitige Wirtschaftshilfe zusammengeschlossenen Länder hat daran noch nichts ändern können. Er muß Beziehungen zu anderen Staaten pflegen, die eine kapitalistische Gesellschaftsordnung haben. Diese Beziehungen richten sich nach international üblichen juristischen und diplomatischen Spielregeln, die teilweise noch bürgerlichen Rechtsvorstellungen und Traditionen entsprechen, wenngleich die sozialistischen Länder zur Entwicklung neuer Normen beigetragen haben (Völkerrecht). Können davon die gesellschaftlichen Verhältnisse im sozialistischen Staat unberührt bleiben?

Das gleiche gilt für die Wirtschaftsbeziehungen. Auch hierbei müssen international übliche Regeln eingehalten werden. Darüber hinaus muß der Außenhandel weitgehend Tauschwert-Gesetzen folgen; selbst im Handel zwischen den Ländern des RGW spielen internationale, und d. h. zumindest teilweise kapitalistisch bestimmte Wertgesetzlichkeiten eine Rolle. Kann eine Auswirkung der unmittelbar kapitalistischen Warenproduktion auf die Produktionsverhältnisse in der Sowjetunion vermieden werden? – Aus kapitalistischen Ländern werden Maschinen, Ausrüstungen, sonstige Produktionsmittel, ganze Fabriken, neue Technologien importiert (Übersicht, wenngleich in Daten und Schlüssen nicht immer zuverlässig: Sutton). Wird damit nicht auch die kapitalistische Organisation der Produktion eingeführt?

Koexistenz und »Wettstreit der Systeme« setzen – bei Fortbestehen der ideologischen Auseinandersetzung – ein relatives politisch-militärisches Gleichgewicht voraus. Verführt das nicht die Entscheidungsträger, außenpolitisch zu sehr auf Konsolidierung bedacht zu sein, also revolutionäre Bestrebungen in anderen Ländern zu bremsen, damit das Gleichgewicht nicht erschüttert wird? Fördert eine solche Politik nicht wiederum auch die Etablierung dieser Entscheidungsträger, ihre Abschirmung gegen kritische Bewegungen im eigenen Land?

Diese Fragen sind bis jetzt lediglich auf abstrakter Ebene diskutiert worden. Vielfach wird der kapitalistische Einfluß einfach konstatiert, um der Sowjetunion den sozialistischen Charakter abzusprechen. Dagegen erfolgt dann der Einwand, daß mit dem Außenhandelsmonopol und der zentralen Planung die Möglichkeiten gegeben seien, den Handel mit kapitalistischen Ländern sowie den Import von Produktionsmitteln und Technologien in einem Rahmen zu halten, der die Entwicklung des Sozialismus nicht bedrohe (s. III. Kapitel). Die UdSSR bleibe außenpolitisch auch nicht in der Defensive, sondern begegne imperialistischen Tendenzen kapitalistischer Staaten offensiv; sie unterstütze Befreiungsbewegungen, auch wenn sie bestrebt sei, einen bewaffneten Konflikt mit den USA zu vermeiden (Sozioökon. Bedingungen; Mandel, in: Probleme der intern. Beziehungen; Schulze, in: Übergangsgesellschaft; ders., in: Probleme des Sozialismus).

Genaue Untersuchungen, die im einzelnen den Einfluß äußerer Faktoren auf die innere Entwicklung und deren Wechselwirkungen analysieren, stehen noch aus. In diesem Zusammenhang muß dann auch einmal untersucht werden, ob und wie sich die Konflikte zwischen den sozialistischen Ländern sowie Tendenzen in den kommunistischen und sozialistischen Parteien im Westen auf die Theoriebildung in der Sowjetunion, vielleicht sogar auf die innere Struktur der Gesellschaft auswirken.

VI. Versuche zu einer Theorie der sowjetischen Gesellschaftsordnung

Nach herrschender sowjetischer Auffassung durchlief die Gesellschaft von 1917 bis 1937 eine Übergangsperiode, um sich seither in der Phase des Sozialismus zu befinden. Daß Sowjetrußland anfangs kein sozialistischer Staat war, sondern lediglich den Weg in diese Richtung eingeschlagen hatte, hat Lenin immer wieder betont (z.B. Lenin, *Werke* Bd. 27, S. 327-328). Daß die Diktatur des Proletariats in Rußland eine besondere Form angenommen hatte, charakterisierte Lenin Ende 1920: Wir haben »einen Arbeiterstaat, erstens mit der Besonderheit, daß im Lande nicht die Arbeiter-, sondern die Bauernbevölkerung überwiegt; und zweitens haben wir einen Arbeiterstaat mit bürokratischen Auswüchsen« (Lenin, *Werke* Bd. 32, S. 32–. In den zwanziger Jahren wurden dann im Zusammenhang mit den innerparteilichen Diskussionen Zweifel laut, ob die Neue Ökonomische Politik, ob der »Staatskapitalismus« nicht den proletarischen Kern der Übergangsgesellschaft schwäche (vgl. Lewin 1974, S. 39-40).

Mit dem weitgehenden Abschluß der Kollektivierung in der Landwirtschaft und mit der Schaffung einer materiell-technischen Grundlage, wie sie die Industrialisierungsergebnisse am Ende des zweiten Fünfjahresplanes darstellten, trat dann die UdSSR in die Phase des Sozialismus ein (s. II. Kapitel). Die kapitalistische Produktionsweise war, so heißt es, beseitigt, wenngleich noch Reste des Privatbesitzes an Produktionsmitteln bestanden und »Muttermale« der Vergangenheit nachwirkten. Durch die allmähliche Tilgung dieser »Muttermale« entstand die entwickelte sozialistische Gesellschaft, die mit dem Aufbau des Kommunismus begonnen hat, wie es das Parteiprogramm von 1961 verheißt. Dabei wird zwischen dem bereits errungenen »vollen« Sieg des Sozialismus in der UdSSR und dem »endgültigen« Sieg des Sozialismus im Weltmaßstab unterschieden. Obwohl dieser Sieg noch aussteht, können einzelne Elemente des Kommunismus schon verwirklicht werden. Der

Sozialismus wächst in den Kommunismus hinein, weil es sich nicht um den revolutionären Übergang von einer Gesellschaftsordnung in die andere, sondern um den Übergang innerhalb einer Gesellschaftsordnung handelt. In den vorangegangenen Kapiteln wurde ansatzweise beschrieben, wie man sich die weitere Entwicklung der Gesellschaft zum Kommunismus hin vorstellt. Im Kommunismus sollen die »knechtende Unterordnung« (Marx) unter die Arbeitsteilung, die Unterschiede zwischen Stadt und Land sowie zwischen geistiger und körperlicher Arbeit, das Äquivalenz- und Leistungsprinzip, Wertkategorien und Ware-Geld-Beziehungen sowie die Einschränkungen der gesellschaftlichen Selbstverwaltung verschwinden (Lehrbuch, S. 97 ff.; Die entwickelte soz. Gesellschaft; Ljapin). Viele sowjetische Autoren beschreiben diese Entwicklung als geradlinig und unaufhaltsam. Eine offenere Aufarbeitung der Vergangenheit und eine offenere Auseinandersetzung mit den Konflikten innerhalb der Gesellschaft könnten vielleicht die Hemmnisse des weiteren Fortgangs und die Möglichkeiten ihrer Überwindung deutlicher hervortreten lassen; der Weg zur zukünftigen Gesellschaft wäre weniger vage, als er in zahlreichen Schriften erscheint.

Im Westen wird die sowjetische Selbsteinschätzung überwiegend nicht akzeptiert. Konservative und liberale Autoren lehnen den Sozialismus als Gefahr für die »freie Welt« ab; sich »links« verstehende Autoren sprechen dem Gesellschaftssystem in der UdSSR den sozialistischen Charakter ab; andere weisen, ohne den Sozialismus in Frage zu stellen, auf ernste Probleme und Widersprüche in der gesellschaftlichen Entwicklung hin. Wie kommt es zu diesen differenzierten Deutungen? Welches sind die wesentlichsten Argumente?

Jahrzehntelang war die Einstellung gegenüber Bolschewismus und Sowjetmacht, soweit es sich nicht um Kreise der Arbeiterbewegung handelte, von offener Feindseligkeit geprägt. Unkenntnis der Verhältnisse, Greuelmärchen über die Schandtaten der Bolschewiki, aber auch die Auflösung der Konstituante, der Frieden von Brest-Litowsk und der Bürgerkrieg waren zunächst dafür verantwortlich. Dahinter stand die Furcht der herrschenden Schichten in den kapitalistischen Ländern, die proletarische Revolution in Rußland könne sich zu einer Weltrevolution ausweiten. Vielfach wirkten auch die Berichte der russischen Emigranten auf die Meinungsbildung. Trotz deren großer Aktivität, die bis zu Kriegsvorbereitungen ging, setzte in den zwanziger Jahren allmählich eine Versachlichung ein. Die beginnende, wenngleich ständig von Spannungen bedrohte Normalisierung der diplomatischen und ökonomischen Beziehungen verlangte genauere, weniger von Emotionen und weltanschaulichem Standpunkt belastete Informationen. In den angelsächsischen Ländern, in Frankreich und vor allem in Deutschland erlebte die Rußlandforschung einen eindrucksvollen Auftrieb. Obwohl die meisten Wissenschaftler und Publizisten aus ihrer Ablehnung der neuen Gesellschaftsordnung keinen Hehl machten, berichteten sie verhältnismäßig korrekt und differenziert über die Lage in der UdSSR. Viele ließen sich sogar von den Aufbauleistungen, besonders während der beschleunigten Industrialisierung ab 1929, beeindrucken. Daran konnten auch die »Säuberungen« in den dreißiger Jahren nichts ändern; im Gegenteil – hier kam es selbst unter Rußlandkennern zu grotesken Fehlurteilen. Die positive Einschätzung der Sowjetunion fand außerhalb der faschistischen Staaten ihren Höhepunkt im Zweiten Weltkrieg unter den Bedingungen des gemeinsamen Kampfes gegen das nationalsozialistische Deutschland (Laqueur, S. 9ff.; 174 ff.).

Der Kalte Krieg, die erneute weltweite Konfrontation, veränderte teilweise diese Haltung. Nach wie vor gibt es zahlreiche Arbeiten über die Sowjetunion, die hohen wissenschaftlichen Wert besitzen. Ein hervorstechendes Beispiel ist E. H. Carrs umfangreiche *History of Soviet Russia,* die seit 1950 erscheint. Carr verarbeitet, bei den beiden bislang letzten Bänden zusammen mit R. W. Davies, eine erstaunliche Fülle von Quellenmaterial. Die Darstellung ist im allgemeinen zuverlässig, detailliert und präzise, sie behandelt fast alle Aspekte der innen- und außenpolitischen Entwicklung von 1917 bis 1930. Ihre Sachlichkeit hat Carr verschiedentlich den Vorwurf eingetragen, er schreibe zu sowjetfreundlich (Laqueur, S. 125 ff.).

Dieses Werk und vergleichbare Veröffentlichungen anderer Wissenschaftler – meistens Detailstudien – sind für jeden, der sich mit Geschichte und gesellschaftlichem System der Sowjetunion beschäftigt, unentbehrlich. Für die Herausbildung einer Theorie können sie hingegen, trotz einiger wichtiger Erklärungsversuche, höchstens als Grundlage dienen. Die Herausforderung der kapitalistischen Staaten durch die sozialistischen Länder, die nach der im Zweiten Weltkrieg sichtbar gewordenen militärischen Stärke der UdSSR als existenziell bedrohlich empfunden wurde, hat jedoch zur Formulierung einer Theorie geführt, die für lange Zeit das allgemeine Bild von der Sowjetgesellschaft beeinflußt und zumindest in der BRD sogar offiziell Eingang in die Schulen gefunden hat: der Totalitarismus-Theorie.

Ursprünglich war sie aus der Auseinandersetzung mit dem Faschismus entstanden, eine Antwort auf den von den Nazis proklamierten »totalen Staat«. Jetzt entdeckte man in den angelsächsischen Ländern und in der Bundesrepublik Gemeinsamkeiten zwischen Faschismus und Kommunismus: »Rot gleich braun«. In C.J. Friedrichs und Z.K. Brzezinskis Buch *Totalitäre Herrschaft* wurde Mitte der fünfziger Jahre die Theorie am prägnantesten zusammengefaßt. Danach sollen sich die Gemeinsamkeiten auf folgende Gebiete erstrecken: Die offizielle Ideologie versuche, sämtliche Denk- und Lebensbereiche zu durchdringen; die Gesellschaft werde von einer Partei, meist noch mit einem Führer an der Spitze, beherrscht; die Geheimpolizei terrorisiere die Gesellschaft im Auftrag der Parteiführung; die Partei habe das Nachrichten- und Waffenmonopol; die Wirtschaft werde zentral gelenkt.

Ungefähr gleichzeitig erschien mit M. Djilas' *Die neue Klasse* ein Buch, daß wie schon vorher J. Burnhams *Regime der Manager* nachzuweisen schien, daß sich die Kommunistische Partei und die von ihr abhängige Bürokratie zu einer herrschenden Klasse verfestigt hätten. Dies klang um so glaubwürdiger, als Djilas lange Zeit ein führendes Mitglied des jugoslawischen Bundes der Kommunisten war und in den vierziger Jahren Einblick in Interna der sowjetischen Parteispitze hatte. Diesem to-

talitären System stand die gefährdete freiheitliche Demokratie des Westens gegenüber. Hier war die Regierung an rechtsstaatliche Normen gebunden, sie wurde im Rahmen eines Mehrparteiensystems durch eine parlamentarische Opposition kontrolliert, die Grundrechte des Bürgers waren garantiert. Auf ökonomischem Gebiet wurde der Gegensatz zwischen der durch den Ordo-Liberalismus bestimmten »freien Marktwirtschaft«, der politisch die parlamentarische Demokratie entspreche, und der »Zentralverwaltungswirtschaft«, die im totalitären Staat faschistischer oder kommunistischer Prägung verwirklicht werde, entwickelt (Hensel 1954).
Zahlreiche Einzelstudien versuchten, diese grundsätzliche Charakteristik des sowjetischen Gesellschaftssystems näher zu belegen. Die Wandlungen innerhalb der KPdSU, vor allem seit dem XX. Parteitag 1956, die Wirtschaftsreformen und der sich nach und nach durchsetzende Entspannungsprozeß entschärften allerdings die Totalitarismus-Theorie. Ihre Anhänger waren bestrebt, sich an neue Forschungsergebnisse anzupassen, ohne den totalitären Charakter der sowjetischen Gesellschaftsordnung in Frage zu stellen. In diesen Zusammenhang gehören die Betonung einer Kontinuität der zaristischen und sowjetischen Expansionspolitik und die Hervorhebung von Interessengegensätzen innerhalb der herrschenden Elite (s. V. Kapitel). Im Westen bekanntgewordene Sanktionen sowjetischer Behörden gegenüber Oppositionellen führen immer wieder zu dem Hinweis, daß sich an der totalitären Diktatur in der Sowjetunion im Grunde nichts geändert habe.

Dennoch bleibt die prinzipielle Kritik an den verschiedenen Spielarten der Totalitarismus-Theorie bestehen. Diese geht von Ähnlichkeiten bestimmter politischer Formen im Faschismus und im Gesellschaftssystem der Sowjetunion aus, wie es von den dreißiger bis in die fünfziger Jahre ausgeprägt war. Ganz abgesehen davon, daß selbst diese formalen Ähnlichkeiten nicht immer zutrafen, geht dabei Wesentliches verloren: die unterschiedlichen historischen Wurzeln, der unterschiedliche soziale Inhalt der jeweiligen Politik, die unterschiedlichen Funktionen der hier zur Debatte stehenden Systeme für die jeweilige Gesellschaft, die unterschiedlichen Entwicklungstendenzen.

Für viele bot nach 1945 die Totalitarismus-Theorie die Möglichkeit, von einer Auseinandersetzung mit den gesellschaftlichen Ursachen des Faschismus abzulenken und die Formulierung einer Weltanschauung gegen den aktuellen Gegner in den Vordergrund zu rücken. Damit wurde aber zugleich auch jeder, der im Westen zu einer anderen Einschätzung der Sowjetunion gelangte, als potentieller Anhänger der totalitären Diktatur verdächtigt. Der Antikommunismus der Totalitarismus-Theorie diente zur scheinbar wissenschaftlichen Absicherung der Politik des Kalten Krieges und zur innenpolitischen Disziplinierung (Hofmann 1967; Greiffenhagen/Kühnl/Müller).

Eine ganz wesentliche methodische Schwäche der Totalitarismus-Theorie ist die Übertragung von Kategorien, die an kapitalistischen Gesellschaften gewonnen wurden, auf die Untersuchung der Sowjetunion; ihre Gesellschaft wird nicht zunächst aus sich selbst heraus verstanden. Ein ähnlicher Einwand gilt auch für die neueren Theorien im Westen, die die Antwort auf die internationale Entspannung, auf die friedliche Koexistenz unterschiedlicher Gesellschaftsordnungen bei Fortbestehen des ideologischen Kampfes waren und die Totalitarismus-Theorie als herrschende Meinung abgelöst haben.

Der Wirtschaftswissenschaftler J. Tinbergen stellte zu Beginn der sechziger Jahre zum erstenmal prägnant die Konvergenztheorie dar, die Theorie von der Annäherung kapitalistischer und sozialistischer Systeme. Ohne zu behaupten, die Unterschiede in beiden Systemen würden vollständig verschwinden, meinte er Anzeichen dafür zu entdecken, daß vor allem im wirtschaftlichen Bereich eine Entwicklung zu einer »optimalen Sozialordnung«, zu einer Synthese aus Elementen beider Systeme zu beobachten sei. Im Westen wachse der staatliche Einfluß auf die Wirtschaft, Methoden gesamtwirtschaftlicher Planung würden angewendet, die Einkommensverteilung werde Schritt für Schritt verändert; im Osten setzten sich dezentrale Planungstechniken durch, die Rolle der Manager ähnele der im Westen. Der technische Fortschritt bedinge in beiden Gesellschaftsordnungen ähnliche Formen der Produktionsorganisation sowie von Produktion und Konsum selbst (Tinbergen 1963; ders., in: Wirtschaftsplanung).

Dieser Ansatz wurde einige Jahre später von J. K. Galbraith mit seinem Buch über *Die moderne Industriegesellschaft* fortgeführt: Weniger ideologische Konzeptionen als vielmehr Sachzwänge der Technologie und Organisation prägten das Wirtschaftssystem. Daher seien Großunternehmen mit einer »Technostruktur« modernen kapitalistischen wie sozialistischen Gesellschaften eigentümlich. Unter Technostruktur versteht er das Management, das seine Entscheidungen weitgehend autonom von den Produktionsmittelbesitzern oder von staatlichen Organen treffe, ja sogar staatliche Maßnahmen beeinflusse. In den kapitalistischen Gesellschaften verliere der Markt durch die Macht der Technostruktur mehr und mehr an Bedeutung. Sie reguliere mit Hilfe des Staates den Massenkonsum, die Löhne und Preise. Klassenspannungen könnten dadurch aufgefangen werden, zumal die Gewerkschaftsführer in die Technostruktur integriert seien. So würden Kapitalismus und Sozialismus in einer einheitlichen Industriegesellschaft verschmelzen.

Mit einer Flut von Einzelstudien und theoretischen Präzisierungen wurde versucht, diese und ähnliche Denkanstöße zu belegen und zu konkretisieren. Die Untersuchungen konzentrierten sich dabei auf die »Technokraten« und Manager in Ost und West, auf die wachsende wirtschaftspolitische Rolle des Staates im Kapitalismus und die neuen, teilweise dezentralen Planungsmethoden in den sozialistischen Ländern – dabei waren insbesondere die Wirtschaftsreformen Gegenstand der Analyse –, schließlich auf die Tendenzen des Massenkonsums, bei denen Ähnlichkeiten in beiden Systemen festgestellt wurden. Darüber hinaus sahen zahlreiche Publizisten und Politiker in der Konvergenz- und Industriegesellschafts-Theorie die Möglichkeit, im Zeitalter der weltweiten Entspannung vom reinen Antikommunismus wegzukommen und den »Wettstreit der Systeme« durch die Hoffnung auf eine ökonomische Annäherung der Systeme, durch die dann auch die politischen und ideologischen Gegensätze wegfielen, unterlaufen zu können. Die Konzeption des »Dritten Weges«, des »demokratischen Sozialismus«, die seit Ende der sechziger Jahre in verschiedenen Varianten vorgestellt wird, hat tiefe Wurzeln in der Konvergenztheorie.

Diese Theorie ist nicht unwidersprochen geblieben. Autoren, die von der neoliberalen Theorie beeinflußt sind, betonen die nach wie vor unterschiedlichen Vorstellungen von Wirtschaftsordnung und Wirtschaftsprozeß in den kapitalistischen und sozialistischen Ländern (Hensel, in: Beiträge). Vielfach wird auf methodologische Mängel der konvergenztheoretischen Untersuchungen hingewiesen und gezeigt, daß trotz aller Reformen kein Mehr an Kapitalismus in den sozialistischen Ländern zu entdecken sei (vgl. Knirsch, in: Beiträge). Kritiker aus den sozialistischen Ländern argumentieren ähnlich, wenngleich von einem entgegengesetzten theoretischen Ausgangspunkt aus. Die Anhänger einer Annäherung beider Systeme sähen lediglich Oberflächenerscheinungen und formale Ähnlichkeiten. Darüber vernachlässigten sie den ganz anderen sozialen Inhalt solcher Kategorien wie Gewinn und Rentabilität im Sozialismus (s. III. Kapitel), das mit dem Kapitalismus nicht vergleichbare Arbeitsverhältnis trotz verwandter Technologien, die andere Funktion der Planung, die unterschiedliche Klassenstruktur und Eigentumsordnung. Allzuleicht würden Kategorien der kapitalistischen Gesellschaft auf die sozialistische übertragen und die angeblichen Veränderungen an ihnen gemessen. Die erhoffte Liberalisierung im »Ostblock« werde häufig in dem Sinne verstanden, daß sich die innere Verfassung der sozialistischen Länder an die der kapitalistischen angleichen solle. Daher wird die Konvergenztheorie weitgehend als neue ideologische Waffe im Kampf gegen den Sozialismus verstanden (Rose; Sovremennye burž. teorii).

In der Tat können die Wirtschaftsreformen und die damit zusammenhängenden Tendenzen in den sozialistischen Ländern nicht einfach als ein Schritt zur Konvergenz interpretiert werden. Ware-Geld-Beziehungen, wirtschaftliche Rechnungsführung, Gewinn, Rentabilität und ähnliche Kategorien bestimmten, wenn auch in unterschiedlicher Ausformung, fast von Anfang an die sowjetische Wirtschaft. Die Erweiterung der Rechte der Werktätigen, die Ausweitung der Kompetenzen der lokalen Sowjets, die Stärkung der gesellschaftlichen Organisationen passen kaum in das Muster der parlamentarischen Repräsentativdemokratien des Westens.

Deshalb sind auch jene Konvergenztheorien von »links« im Ansatz skeptisch zu betrachten, die die »Restauration des Kapitalismus« in der UdSSR und in anderen sozialistischen Ländern behaupten und damit häufig die anti-sowjetische Politik der Volksrepublik China rechtfertigen wollen. Zu ihrem wichtigsten Theoretiker ist in jüngster Zeit Ch. Bettelheim geworden. Lange Zeit hatte er die Widersprüche in der Sowjetunion aus dem unzureichenden Entwicklungsstand der Produktivkräfte erklärt, ohne den sozialistischen Charakter der sowjetischen Gesellschaft prinzipiell zu verwerfen. Seine Analyse der Wirtschaftsreformen, insbesondere der fortbestehenden Warenverhältnisse, und seine Verarbeitung der chinesischen Erfahrungen ließen ihn allmählich an seinem Erklärungsmodell zweifeln (vgl. Bettelheim 1970). Inzwischen charakterisiert er die UdSSR als Staatskapitalismus mit einer Diktatur der Staatsbourgeoisie, weil zwar die Produktionskräfte entwickelt, nicht aber die gesellschaftlichen Verhältnisse revolutioniert worden seien. Es bleibt abzuwarten, wie er diese These in seiner angekündigten Geschichte der *Klassenkämpfe in der UdSSR* begründen wird. Der vor kurzem erschienene erste Band, der die Zeit bis 1923 umfaßt, hält strenger wissenschaftlicher Prüfung nicht stand, ohne daß damit wichtige Hinweise und Einsichten in die damalige ideologische und politische Entwicklung geleugnet werden sollen. Die Material- und Literaturgrundlage ist schwach, die Darstellung zahlreicher Ereignisse und Prozesse entspricht nicht dem Forschungsstand. Dieser Mangel mindert auch den politischen Wert des Buches. Zugleich werden methodische Probleme aufgeworfen: die Fixierung auf Lenin, eine undialektische Auffassung des Verhältnisses von Klassenkampf und Entwicklung der Produktivkräfte, unreflektierte Übertragung von Kategorien der bürgerlichen Gesellschaft auf die sowjetische – um nur einige Punkte zu nennen – und nicht zuletzt sein Ansatz, die für ihn bereits feststehende heutige Existenz des Staatskapitalismus aus der sowjetischen Geschichte beweisen zu wollen – das klingt arg nach Legitimierung (Bettelheim 1975).

Eine Konvergenztheorie besonderer Art bilden auch die Hypothesen E. Jahns. Er geht davon aus, daß die Welt nicht in mehr oder weniger voneinander isolierte »Lager« getrennt werde dürfe, sondern daß sich das System der Nationalstaaten erhalten habe und die internationalen Klassenkämpfe in die Form des internationalen Gegensatzes zwischen »Militaristen« und »Zivilisten« umwandelten. In der Sowjetunion, die er als »etatistische« Gesellschaft kennzeichnet, um das Übergewicht des Staates sowie die gegenüber Kapitalismus und Sozialismus eigenständige Produktionsweise begrifflich zu fassen, seien die Militaristen identisch mit den Bürokraten, d. h. denen, die die faktische Verfügungsgewalt über das gesellschaftliche Eigentum ausübten. Zivilisten seien dagegen zunächst die internationalistisch denkenden Intelligenzler – darunter versteht er die geistigen Lohnarbeiter –, während die überwiegende Mehrheit der Bevölkerung noch uniformiert bürokratisiert sei. Die beiden Kräfte, die die Dynamik der gesellschaftlichen Entwicklung bestimmten, nennt Jahn vorläufig »soziale Hauptgruppen«, weil er den marxistischen Klassenbegriff zur Analyse der sowjetischen Gesellschaft für ungeeignet hält (Jahn 1973/1974).

Begrifflich ist seine Hypothese allerdings bislang insgesamt noch nicht scharf genug. Inwieweit der Etatismus eine neue Produktionsweise ist; ob die beiden sozialen Hauptgruppen eigenständige Gruppen mit gemeinsamen Interessen, mit gemeinsamer gesellschaftspolitischer Zielsetzung, mit gleichem »Klassenbewußtsein« sind; wieso die sowjetischen Intelligenzler internationalistisch sind; warum die Intelligenzler Zivilisten und die Bürokraten Militaristen sind; wie die Verbindung zwischen den Militaristen der Sowjetunion mit denen in anderen Staaten aussieht; – all das sind Fragen, die Jahn noch nicht befriedigend beantwortet hat. Obwohl er sich der materialistischen Methode verpflichtet fühlt, sucht man eine materialistische Analyse der sowjetischen Gesellschaft bislang bei ihm vergeblich.

Die Theorien und Hypothesen Bettelheims und Jahns sind natürlich nicht auf die gleiche Ebene zu stellen wie die »bürgerlichen« Totalitarismus- und Konvergenztheorien. Während diese an formal-äußerlich ähnlichen Erscheinungen im Kapitalismus und Sozialismus ansetzen, wollen jene zumindest versuchen, die Produktions- und Klassenverhältnisse, den Kern der neuen Gesellschaft zu bestimmen. Indessen steht dieser Anspruch vielfach unvermittelt neben der Beschreibung von ideologischen Traditionen und Verhaltensweisen bestimmter sozialer Gruppen, die Theoriebildung eilt dem Forschungsstand häufig weit voraus. Dadurch besteht die Gefahr, daß Konstruktionen von außen an die sowjetische Gesellschaft herangetragen werden, anstatt die Theorie aus einem ständigen Wechselverhältnis zwischen historisch-gesellschaftlicher Analyse und Entwicklung von Kategorien entstehen zu lassen.

Dieses Problem weist auf ein Dilemma »linker« Autoren bei der Auseinandersetzung mit sowjetischer Geschichte und sowjetischem Gesellschaftssystem hin, ein Dilemma, das seit 1917 spürbar ist. Viele Sozialisten und Kommunisten waren erschreckt, als die Bolschewiki Frieden mit dem imperialistischen deutschen Kaiserreich schlossen, als sie den »weißen Terror« im Bürgerkrieg mit dem »roten Terror« beantworteten, als sie zu zentralisierten Organisationsformen und Entscheidungen in Wirtschaft und Politik übergingen. Die Hoffnungen auf den Sozialismus stießen mit der gesellschaftlichen Wirklichkeit zusammen. Die Versuche außerhalb Rußlands, diesen Widerspruch zu verarbeiten, spiegelten die Diskussionen innerhalb des Landes wider (vgl. Arbeiterdemokratie; Die russ. Arbeiteropposition). Die Anarchisten (vgl. The Anarchists), dann aber auch Anhänger anderer Richtungen, wandten sich von der Sowjetmacht ab, weil sie ihrem Ideal nicht entsprach. Andere, wie Rosa Luxemburg, stellten sich hinter die Bolschewiki, auch wenn sie in deren Politik viele Fehler zu entdecken glaubten und warnend auf die Gefahren aufmerksam machten, die aus einer Einschränkung der sozialistischen Demokratie herrühren könnten; sie beachteten die internationalen und inneren Bedingungen, die die Verhältnisse in Sowjetrußland beeinflußten (Luxemburg, S. 163-193).

In den zwanziger und dreißiger Jahren erschienen dann die ersten ausführlichen Untersuchungen zur Sowjetunion. A. Rosenberg, zeitweise Mitglied der KPD, sah den Bolschewismus für Rußland als fortschrittliche Kraft an, die den Zarismus gestürzt, die bürgerliche Revolution vollendet und eine staatskapitalistische Wirtschaftsordnung eingeführt habe. Ein Modell für den Aufbau des Sozialismus in anderen Ländern sei er dagegen nicht. K. Kautsky, der Theoretiker der deutschen Sozialdemokratie, vorübergehend Mitglied der USPD, lehnte die Politik der Bolschewiki insbesondere wegen ihrer Einschränkung der bürgerlichen Freiheiten als Diktatur eines kleinen bürokratischen Apparats über die Mehrheit der Bevölkerung, einschließlich der Arbeiterklasse, scharf ab. Er stand dabei unter dem Einfluß emigrierter Menschewiki, obwohl etwa J. Martow, der führende Kopf des linken Flügels, eine sehr viel differenziertere Haltung einnahm und zwischen Gegnerschaft gegen die Bolschewiki und Gegnerschaft gegen die Sowjetmacht unterschied (Überblick in: Laqueur, S. 180ff.).

Theorien sind in all diesen Schriften, von denen hier nur einige herausgegriffen wurden, höchstens in Ansätzen zu erkennen. Zu sehr wirkten persönliche Erlebnisse und Erfahrungen, ideologische Tradition, Engagement für den Sozialismus, aber auch Informationsdefizite. Das gilt eigentlich bis heute. Die Verbrechen in der UdSSR während den dreißiger und vierziger Jahren erschwerten die Analyse der sowjetischen Gesellschaft noch mehr: Zahlreiche Sozialisten und Kommunisten, auch solche, die vorher die Politik der Bolschewiki kritisiert hatten, gingen über diese Verbrechen hinweg, ja rechtfertigten sie, weil ihnen die Unterstützung der UdSSR als einzige Rettung gegen den Faschismus erschien; viele waren auch beeindruckt von den gewaltigen industriellen Leistungen in dieser Zeit. Eine große Anzahl aber kehrte sich enttäuscht von der Sowjetunion ab. Für sie war die Oktoberrevolution »entartet«, an die Stelle der Diktatur des Proletariats die Herrschaft Stalins und des bürokratischen Parteiapparates getreten (vgl. Laqueur, S. 188 ff.). Dabei spielten die Aufsätze und Bücher L. Trotzkis, der 1927 aus der Kommunistischen Partei ausgeschlossen worden war, später die UdSSR verlassen mußte und 1940 in Mexiko von einem Agenten der sowjetischen Geheimpolizei ermordet wurde, eine bedeutende Rolle. Er sah die Revolution durch das bürokratische Regime Stalins, der mit Hilfe des Parteiapparates eine unumschränkte Macht gewonnen habe, verraten und rief zu seinem – nötigenfalls gewaltsamen – Sturz auf, ohne die Errungenschaften der Sowjetmacht insgesamt in Frage zu stellen (vor allem: Trotzki 1968/1971; vgl. Deutscher 1962-1963).

Während des Kalten Krieges war eine intensive wissenschaftliche Beschäftigung mit dem sowjetischen Gesellschaftssystem für Sozialisten und Kommunisten nur unter schwierigen Bedingungen möglich. Als H. Marcuse 1957 in den USA sein Buch über den sowjetischen Marxismus veröffentlichte (es erschien erst 1964 in deutscher Sprache), mußte er es sich gefallen lassen, wegen Verneinung der westlichen Gesellschaft und Verharmlosung der sowjetischen heftig angefeindet zu werden, obwohl er die Gesellschaftsordnung in der UdSSR durchaus nicht schmeichelhaft darstellte. Methodisch beschritt er einen für die damalige Zeit ungewöhnlichen Weg, nämlich den der »immanenten Kritik«, des Messens der gesellschaftlichen Verhältnisse an ihren eigenen theoretischen Voraussetzungen und Maßstäben. Dabei stellte er eine weitgehende theoretische Verkümmerung des Marxismus in der Sowjetunion der dreißiger und vierziger Jahre fest und schloß daraus auf gravierende Mängel und Schwächen der Gesellschaft. Er registrierte jedoch auch Veränderungen, vor allem nach Stalins Tod, und vermutete, daß »die repressiven wirtschaftlichen und politischen Verhältnisse (...) in zunehmendem Maße den grundlegenderen und allgemeineren Interessen und Zielen der Entwicklung des Sowjetstaates widersprechen« (Marcuse, S. 165). Bei dem erreichten wirtschaftlichen Stand richte sich die Tendenz auf mehr Sozialismus, auf eine Liberalisierung und Demokratisierung, auf einen Abbau der Privilegien der Bürokratie. Andernfalls werde die Entwicklung der sowjetischen Gesellschaft, gemessen an den eigenen Maßstäben, irrational verlaufen. Allerdings betonte er auch ihre Ambivalenz: Fortschritte stellten sich nicht automatisch ein.

Die von Marcuse gesehene Tendenz wurde von W. Hofmann auf der Grundlage einer fundierten sozialökonomischen Analyse bestätigt, bei der er ebenfalls von den immanenten Voraussetzungen der UdSSR ausging. Da er sich intensiv mit der Arbeitsverfassung als »Herzstück der Sowjetgesellschaft« beschäftigt hatte, sah er besonders deutlich die einschneidenden Veränderungen in den fünfziger und sechziger Jahren: die Reformen der Arbeitsgesetze sowie der Lohn- und Prämienstruktur, die Produktionsberatungen, die neue Rolle der Gewerkschaften, aber auch die Erweiterung der Kompetenzen der Sowjets, eine einsetzende Erneuerung des Parteilebens und eine Fortbildung der Theorie. Auch er hielt den Prozeß nicht für geradlinig, sondern mit Rückschlägen behaftet, meinte aber, daß die eingeschlagene Richtung grundsätzlich nicht mehr umkehrbar sei. Seine Einschätzung wurde dadurch gestützt, daß er den »Stalinismus« als eine Erziehungsdiktatur und nicht als eine soziale Beharrungsdiktatur, wie sie der Faschismus für den Kapitalismus gewesen sei, verstand, die aus den für den Aufbau des Sozialismus »anormalen« Bedingungen entstanden sei – womit er keinesfalls die Exzesse der Macht als determiniert vorgegeben ansah oder sie rechtfertigen wollte. Die Möglichkeit des Sozialismus sei daher nicht verschüttet worden. Zugleich gehe der wirtschaftlichen und politischen Oberschicht der Klassencharakter ab. Diese Gruppe sei sozial nicht homogen und geschlossen; vielfach hätten sich Wirtschaftsfunktionäre mit Arbeitern und Angestellten gegen Regierungsmaßnahmen verbunden oder sei die Regierung mit Werktätigen gegen bürokratische Handlungen der Funktionäre vorgegangen; die Leiter hätten lediglich eine Dienst- und Auftragsgewalt, die zwar mißbraucht werden könne, keinesfalls jedoch ein Klassenmerkmal sei; die Macht sei an die Erreichung bestimmter Ziele gebunden. »Eine Verselbständigung der Funktionäre (...) könnte sich nicht (...) im Rahmen der bestehenden Ordnung vollziehen, sondern nur außerhalb ihrer und durch erklärten Bruch auch mit dem Verheißungsgehalt der Sowjetmacht (...)« (Hofmann 1956, Zitat S. 527/1967).

Auch I. Deutscher, der 1932 als Anhänger Trotzkis aus der polnischen Kommunistischen Partei ausgeschlossen worden war, beurteilte 1967 die weitere Entwicklung der sowjetischen Gesellschaft optimistisch. Schärfer als Hofmann hob er die Widerstände innerhalb der erstarrten Führungsschichten, innerhalb der Bürokratie, hervor, die überwunden werden müßten, um die Revolution von 1917 endlich zu vollenden. Zwar sei der Sozialismus durch die Verbrechen Stalins pervertiert, aber die Kontinuität der Revolution nicht vollständig unterbrochen und vor allem in jüngster Zeit wieder aufgenommen worden. Wie schon Trotzki verneinte Deutscher den Klassencharakter der Bürokratie (Deutscher 1970).

Ganz ähnlich argumentiert E. Mandel, einer der Theoretiker der (trotzkistischen) IV. Internationale. Die Sowjetunion, in der eindeutig keine kapitalistische Produktionsweise herrsche, sei immer noch ein Arbeiterstaat, allerdings ein »deformierter« wegen der erstarrten Herrschaft der Bürokratie, die er als »privilegierte kleinbürgerliche Oberschicht des Proletariats und nicht als neue gesellschaftlich herrschende Klasse« definiert. Dieser Arbeiterstaat befinde sich noch im Übergang zum Sozialismus, der evolutionär geschehen könne, wahrscheinlich aber wegen des verhärteten Machtmonopols der Oberschicht mit einer politischen Revolution verbunden sein werde (vgl. Mandel, in: Probleme des Sozialismus, Zitat S. 29).

Mandel unterschätzt möglicherweise die Veränderungen in der Betriebs- und Arbeitsverfassung sowie innerhalb der Kommunistischen Partei, weil er – in der Tradition Trotzkis stehend – zu sehr auf die Bürokratie als erstarrte Schicht fixiert ist. Auch er hat aber bislang nicht zu erklären vermocht, wie diese Bürokratie entstanden ist, wie sie sich zusammensetzt, welche Stellung sie in den einzelnen Organisationen einnimmt, welche Interessen sie vertritt.

Noch schwieriger, als die Bürokratie als Schicht zu beschreiben, ist ihre Definition als Klasse. Dazu müßte eine gemeinsame Stellung aller Angehörigen der Bürokratie im Produktionsprozeß oder überhaupt in der Gesellschaft, ein eindeutig bestimmbares Verhältnis zu anderen Klassen und – falls die Bürokraten auch ihrem Klasseninteresse gemäß handeln sollten – ein gemeinsames Klassenbewußtsein nachgewiesen werden. Ohne diesen Nachweis wird jedoch in einigen Schriften von einer Klasse der Bürokraten, teilweise zusätzlich von einer Klasse der Betriebsleiter gesprochen (vgl. Carlo). Sie erschienen seit Ende der sechziger Jahre, als im Gefolge der Studentenbewegung sowie der Bildung neuer »linker« Organisationen und Parteien ein Bedürfnis nach Definierung des Selbstverständnisses entstand, das das Bedürfnis nach einer Erklärung der sowjetischen Entwicklung, nach einer Theorie der sowjetischen Gesellschaft einschloß. Die Leichtfertigkeit im Umgang mit Begriffen findet häufig ihre Entsprechung darin, daß ohne oder mit nur geringer Kenntnis der sowjetischen Quellen und wissenschaftlichen Forschung, ja oft auch unter willkürlicher, zufälliger Auswahl westlicher Werke mit »abschließender« Formulierung die »Restauration des Kapitalismus« oder ein »Fortbestehen des Gegensatzes zwischen Lohnarbeit und Kapital« (Leo, S. 5) festgestellt wird.

Natürlich dürfen diese Arbeiten nicht alle über einen Kamm geschoren werden. Nicht überall steht das Legitimierungsinteresse so sehr im Vordergrund wie bei denen, die mehr die Politik in der Volksrepublik China rechtfertigen als die Politik in der UdSSR erklären wollen. Bei vielen ist durchaus der Wille erkennbar, das Wesen des sowjetischen Gesellschaftssystems zu ergründen, und es darf nicht übersehen werden, daß dabei auch wichtige Einsichten geäußert werden, die der weiteren Forschung Impulse geben können.

Bei den meisten dieser Arbeiten spielte das Problem der fortbestehenden Warenproduktionen in der Sowjetunion eine bedeutende Rolle bei der Beurteilung des Gesellschaftssystems, da die Ware für Marx der Ausgangspunkt zur Analyse der kapitalistischen Produktionsweise gewesen war. Kann die sowjetische Gesellschaft überhaupt sozialistische Züge tragen, wenn es dort noch Waren und Ware-Geld-Beziehungen gibt?

Hierzu sind einige interessante Schriften erschienen, von denen die J. Kostas, J. Meyers und S. Webers herausragt und sich zur Einführung eignet. Die Autoren stellen zunächst die Marxschen Auffassungen über Warenproduktion und Entfremdung dar. Dabei könnte allerdings noch stärker herausgearbeitet werden, daß Marx auch für die erste Phase des Kommunismus Waren- und Wertkategorien als notwendig ansah, wenngleich in anderer Form als im Kapitalismus (und diese andere Form heben sowjetische Theoretiker hervor). Die Existenz der Ware-Geld-Beziehungen in den sozialistischen Ländern wird unter ihren theoretischen und historischen Voraussetzungen diskutiert: Der Stand der Produktivkräfte und das politische System – »das Herrschaftsmonopol einer Elite« – seien dafür verantwortlich. Mit dieser Fragestellung werden schließlich die Wirtschaftsreformen untersucht. Die Autoren widerlegen dabei empirisch, daß damit kapitalistische Tendenzen oder die Interessen der Bürokratie gestärkt worden seien. Sie stellen im Gegenteil fest, daß durch die Reformen, wenn auch in den einzelnen Ländern in widersprüchlicher und unterschiedlicher Ausprägung, die Bedingungen für die Selbstverwaltung der Produzenten verbessert worden seien. Damit könnten sich auch die Möglichkeiten für eine Aufhebung von Entfremdung und Warenproduktion erweitern.

Das theoretische Instrumentarium sowie die empirische Absicherung des Urteils über die Wirtschaftsreformen und auch über das Verhalten der Führungsgruppen müssen überprüft und ergänzt werden. Der Ansatz, nämlich Theorie und historisch-gesellschaftliche Analyse zu verbinden, eignet sich offenbar gut, um begründete, überprüfbare Ergebnisse zu erzielen und dabei auch einer Theorie der sowjetischen Gesellschaftsordnung näher zu kommen. In dieser Richtung wird weiter gearbeitet werden müssen: Nicht nur die Entwicklung der Produktivkräfte oder die Veränderungen des Bewußtseins oder die Struktur der »Oberschicht« sollten dabei – jeweils isoliert voneinander – im Mittelpunkt stehen, sondern die Untersuchung der gesamten Gesellschaft, die Produktionsweise als Einheit von Produktivkräften und Produktionsverhältnissen. Der

Überblick über die bisherigen Theorieversuche legt es nahe, der Bildung von Kategorien aus einem Wechselverhältnis von theoretischem Anspruch des Gesellschaftssystems, von Erforschung der historischen Bedingungen und von eigenen Überlegungen den Vorzug vor jenen Ansätzen zu geben, die vorgefaßte, feste Kategorien von außen an die sowjetische Gesellschaft herantragen und ihnen das Material zuordnen. Die Gesellschaftsanalyse unter Einschluß der historischen Bedingungen und der Entwicklungstendenzen kann vielleicht verhüten, daß man Oberflächenerscheinungen aus isolierter Sicht überbewertet und auf diese Weise zu Aussagen kommt, die der wissenschaftlichen Prüfung nicht standhalten, damit als Theorie wenig Wert besitzen und nicht als Voraussetzung bewußten politischen Handelns dienen können.

Anhang

I. Literaturverzeichnis

Hier wurden auch einige wichtige – nicht unbedingt im Text zitierte – *Hilfsmittel* aufgenommen. Sie sind durch Buchstaben nach dem Titel leicht zu erkennen: B = Bibliographien, G = Gesamtdarstellungen, H = Historiographien, N = historische Wörterbücher, Enzyklopädien, biographische Nachschlagewerke, Q = wichtige Quellensammlungen, S = statistische Handbücher.

Ambarzumow, Aleksandr Armenakowitsch, *Ökonomische Beziehungen zwischen Industrie und Landwirtschaft im Sozialismus.* Berlin (DDR) 1973

The Anarchists in the Russian Revolution. Ed. by Paul Avrich, London 1973

Ančiškin, Aleksander; Solovev, Nikolai, *Die Wirtschaftsprojektion der Sowjetunion.* Struktur und Methodik der globalen, sektoralen und regionalen Planung. Berlin 1971

Andersen, Wolfgang, *Grundzüge des sowjetischen Arbeitsrechts.* Einschl. der Veränderungstendenzen seit dem Jahr 1953. Trittau 1969

Andres, Ėnrike, *Osnovy teorii deneg socialističeskogo obščestva.* Moskva 1975

Anweiler, Oskar, *Die Rätebewegung in Rußland 1905-1921.* Leiden 1958

Arbeiterdemokratie oder Parteidiktatur. Hrsg. von Frits Kool und Erwin Oberländer, Olten, Freiburg i. Br. 1967 (auch als dtv-Taschenbuch)

Avrich, Paul, *Kronstadt 1921.* Princeton, N.J., 1970

Basic Russian Publications. An Annotated Bibliography on Russia and the Soviet Union. Ed. by P.L. Horecky, Chicago 1962 = **B**

Beiträge zum Vergleich der Wirtschaftssysteme. Hrsg. von Erik Boettcher, Berlin 1970

Berchin, I.B., *Geschichte der UdSSR 1917-1970.* Berlin (DDR) 1971 =**G**

Bettelheim, Charles, *Ökonomischer Kalkül und Eigentumsformen.* Zur Theorie der Übergangsgesellschaft. Berlin 1970 (Rotbuch Wagenbach)

Bettelheim, Charles, *Die Klassenkämpfe in der UdSSR.* Band 1, 1917-1923. Berlin 1975

Beyme, Klaus von, *Ökonomie und Politik im Sozialismus.* Ein Vergleich der Entwicklung in den sozialistischen Ländern. München, Zürich 1975

Blackwell, W. L., *The Beginnings of Russian Industrialization 1800-1860.* Princeton, N.J., 1968

Bogomolow, O. T., *Theorie und Methodologie der internationalen sozialistischen Arbeitsteilung.* Berlin (DDR) 1969

Bol'šaja Sovetskaja Ėnciklopedija. 65 Bände, Moskva 1926–1947; 3. Ausgabe, Moskva 1970 ff. (bis 1975 22 Bände) = **N**

Bonwetsch, Bernd, Das ausländische Kapital in Rußland. Bemerkungen zum Forschungsstand. In: *Jahrbücher für Geschichte Osteuropas,* N. F. 22, 1974, S. 412-425

Bor, M. S., *Volkswirtschaftsplanung.* Grundlagen. Berlin (DDR) 1973

Brest-Litovsk. Hrsg. von Winfried Baumgart und Konrad Repgen, Göttingen 1969 (Historische Texte/Neuzeit 6)

Bronger, Dirk, *Der Kampf um die sowjetische Agrarpolitik 1925-1929.* Ein Beitrag zur Geschichte der kommunistischen Opposition in Sowjetrußland. Köln 1967

Brügmann, Uwe, *Die russischen Gewerkschaften in Revolution und Bürgerkrieg 1917-1919.* Frankfurt a. M. 1972

Brunner, Georg, *Das Parteistatut der KPdSU 1903-1961.* Köln 1965

Brunner, Georg; Westen, Klaus, *Die sowjetische Kolchosordnung* (mit Dokumenten). Von den Anfängen zum 3. Musterstatut 1969. Stuttgart etc. 1970

Brus, Włodzimierz, *Funktionsprobleme der sozialistischen Wirtschaft.* Frankfurt a. M. 1971 (edition suhrkamp)

Brus, Wlodzimierz, *Sozialisierung und politisches System.* Frankfurt a. M. 1975 (edition suhrkamp)

Brus, Wlodzimierz, *Wirtschaftsplanung.* Für ein Konzept der politischen Ökonomie. Frankfurt a. M. 1972 (edition suhrkamp)

Bucharin, Nikolaj, *Ökonomik der Transformationsperiode.* Hrsg. von Günter Hillmann, Reinbek 1970 (Rowohlt Taschenbuch) = **Q**.

Bucharin, N. I., *Put' k socializmu v Rossii.* Izbrannye proizvedenija. Ed. by Sidney Heitman, New York 1967 =**Q**

Burnham, James, *Das Regime der Manager.* Stuttgart 1948

Carlo, Antonio, *Politische und ökonomische Struktur der UdSSR (1917-1975).* Diktatur des Proletariats oder bürokratischer Kollektivismus. Berlin 1972 (Rotbuch Wagenbach)

Carr, Edward Hallett, *A History of Soviet Russia.* Harmondsworth 1966 ff. (Pelican Taschenbuch, Original London 1950 ff.). = **G**. Bisher erschienen im einzelnen: The Bolshevik Revolution 1917-1923. 3 vols., 1966

The Interregnum 1923-1924. 1969
Socialism in One Country 1924-1926. 3 vols., 1970-1972
Carr, E.H.; Davies, R.W., Foundations of a Planned Economy 1926-1929. Vol. 1, 1974
Chamberlin, William Henry, *Die Russische Revolution 1917-1921.* 2 Bände, Frankfurt a.M. 1958
Chromov, P. A., *Očerki ėkonomiki Rossii perioda monopolističeskogo kapitalizma.* Moskva 1960
Clarke, Roger A., *Soviet Economic Facts 1917-1970.* London 1972 = **S**
Conquest, Robert, *Am Anfang starb Genosse Kirow.* Säuberungen unter Stalin. Düsseldorf 1970
Conyngham, William J., *Industrial Management in the Soviet Union.* The Role of the CPSU in Industrial Decision-making, 1917-1970. Stanford, Cal., 1973
Dadajan, V.S., *Ökonomische Gesetze des Sozialismus und optimale Entscheidungen.* Berlin (DDR) 1973
Daniels, Robert Vincent, *Das Gewissen der Revolution.* Kommunistische Opposition in Sowjetrußland. Köln, Berlin 1962
Dekrety Sovetskoj vlasti. Moskva 1957 ff. (bis 1975 sieben Bände) = **Q**
Deutscher, Isaac, *Die sowjetischen Gewerkschaften.* Ihr Platz in der sowjetischen Arbeitspolitik. Frankfurt a.M. 1969
Deutscher, Isaac, *Trotzki.* 3 Bände, Stuttgart 1962-1963
Deutscher, Isaac, *Die unvollendete Revolution.* Anhang: Der Verlauf der Revolution 1917. Frankfurt a.M. 1970 (Fischer Taschenbuch)
Dictionary of Russian historical terms from the eleventh century to 1917. Compiled by Sergei G. Pushkarev, ed. by George Vernadsky and Ralph T. Fisher, New Haven, London 1970 = **N**
Djilas, Milovan, *Die neue Klasse.* Eine Analyse des kommunistischen Systems. München 1957
Dobb, Maurice, *Soviet Economic Development since 1917.* London 1966 (Reprint 1972) (Routledge Paperback) = **G**
Dokumenty vnešnej politiki SSSR. Moskva 1957 ff. (bis 1974 19 Bände) = **Q**
Dubrowski, S., *Die Bauernbewegung in der Russischen Revolution 1917.* Berlin 1929
Ėkonomičeskaja žizn' SSSR. Chronika sobytij i faktov 1917-1965 v dvuch knigach. 2. Ausgabe, Moskva 1967 = **Q**
Ellman, Michael, *Planning Problems in the USSR.* The Contribution of Mathematical Economics to their Solution 1960-1971. Cambridge 1973

Die entwickelte sozialistische Gesellschaft. Wesen und Kriterien – Kritik revisionistischer Konzeptionen. Berlin (DDR) 1973

Erlich, Alexander, *Die Industrialisierungsdebatte in der Sowjetunion 1924-1928.* Frankfurt a.M., Wien 1971

Faddejew, N.W., *Der Rat für Gegenseitige Wirtschaftshilfe.* Frankfurt a.M. 1975

Fainsod, Merle, *Wie Rußland regiert wird.* Ergänzt von Georg Brunner, Köln, Berlin 1965 = **G**

Fedorenko, N.P.; Bunitsch, P.G.; Schatalin, S.S., *Effektivität in der sozialistischen Wirtschaft.* Berlin (DDR) 1972

Fischer, Alexander, *Sowjetische Außenpolitik 1917-1945.* Stuttgart 1973 (Quellen- und Arbeitshefte zur Geschichte und Politik)

Flora, Peter, *Modernisierungsforschung.* Zur empirischen Analyse der gesellschaftlichen Entwicklung. Opladen 1974

Florinsky, Michael T., *The End of the Russian Empire.* 4. Aufl., New York 1971 (Collier Taschenbuch)

Foundations of Soviet strategy for economic growth. Selected Soviet essays, 1924-1930. Ed. by Nicolas Spulber, Bloomington 1965

Friedrich, Carl Joachim; Brzezinski, Zbigniew Kazimierz, *Totalitäre Diktatur.* Stuttgart 1957

Fuhrmann, J. T., *The Origins of Capitalism in Russia,* Industry and Progress in the Sixteenth and Seventeenth Century. Chicago 1972

Galbraith, John Kenneth, *Die moderne Industriegesellschaft.* München, Zürich 1968 (als Knaur Taschenbuch 1970)

Genesis und Entwicklung des Kapitalismus in Rußland. Studien und Beiträge. Hrsg. von P. Hoffmann und H. Lemke, Berlin (DDR) 1973

Gerschenkron, Alexander, Problems and Patterns of Russian Economic Development. In: *The Transformation of Russian Society.* Aspects of Social Change since 1861, ed. by Cyril E. Black, 2. Aufl., Cambridge, Mass., 1967, S. 42-72

Gerschenkron, Alexander, Wirtschaftliche Rückständigkeit in historischer Perspektive. In: *Industrielle Revolution.* Wirtschaftliche Aspekte, hrsg. von R. Braun u.a., Köln, Berlin, S. 59-78

Geschichte des Großen Vaterländischen Krieges der Sowjetunion. 6 Bände, Berlin (DDR) 1962-1967

Geschichte der Kommunistischen Partei der Sowjetunion in sechs Bänden. Moskau o.J. (ca. 1970) ff.

Geschichte der politischen Ökonomie des Sozialismus. Grundrisse. Berlin (DDR) 1973 = **G**

Geschichte der sowjetischen Außenpolitik. (1917-1970). 2 Bände, Berlin (DDR) 1969-1971 (Band 2 auch Frankfurt a.M. 1972)

Geyer, Dietrich, *Lenin in der russischen Sozialdemokratie.* Die Arbeiterbewegung im Zarenreich als Organisationsproblem der revolutionären Intelligenz. 1890-1903. Köln, Graz 1962

Geyer, Dietrich, *Die Russische Revolution.* Historische Probleme und Perspektiven. Stuttgart etc. 1968

Gimpel'son, E. G., *Sovetskij rabočij klass 1918-1920 gg.* Social'no-političeskie izmenenija. Moskva 1974

Gimpel'son, E. G., *»Voennyj kommunizm«: politika, praktika, ideologija.* Moskva 1973

Giterman, Valentin, *Geschichte Rußlands.* 3 Bände, Hamburg 1949 = **G**

Goehrke, Carsten, Geographische Grundlagen der russischen Geschichte. In: *Jahrbücher für Geschichte Osteuropas,* N. F. 18, 1970, S. 161-204

Goehrke, Carsten, Zum gegenwärtigen Stand der Feudalismus-Diskussion in der Sowjetunion. In: *Jahrbücher für Geschichte Osteuropas,* N.F. 22, 1974, S. 214-247

Greiffenhagen, Martin; Kühnl, Reinhard; Müller, Johann Baptist, *Totalitarismus.* Zur Problematik eines politischen Begriffs. München 1972 (List Taschenbuch)

Grundfragen sowjetischer Außenpolitik. Hrsg. von Boris Meissner und Gotthold Rhode, Stuttgart etc. 1970

Grundlagen und Praxis der Wirtschaftsreform in der UdSSR. Berlin (DDR) 1972

Hahn, W. G., *The Politics of Soviet Agriculture 1960-1970.* Baltimore, London 1972

Handbook of Soviet social science data. Ed. by Ellen Mickiewicz, New York, London 1973 = **S**

Handbuch der Geschichte Rußlands. Hrsg. von Manfred Hellmann, Gottfried Schramm und Klaus Zernack, Stuttgart 1976 ff. = **G**

Haumann, Heiko, *Beginn der Planwirtschaft.* Elektrifizierung, Wirtschaftsplanung und gesellschaftliche Entwicklung Sowjetrußlands 1917-1921. Düsseldorf 1974

Haumann, Heiko, Die russische Revolution und ihre ersten Versuche sozialistischer Wirtschaftspolitik. Materialien 1917-1921. In: *Das Argument,* 82, 1973, S. 768-803

Hensel, K. P., *Einführung in die Theorie der Zentralverwaltungswirtschaft.* Stuttgart 1954

Herrschaft und Krise. Beiträge zur politikwissenschaftlichen Krisenforschung. Hrsg. von Martin Jänicke, Opladen 1973 (Uni-Taschenbuch)

Hofmann, Werner, *Die Arbeitsverfassung der Sowjetunion.* Berlin 1956

Hofmann, Werner, *Stalinismus und Antikommunismus.* Zur Soziologie des Ost-West-Konflikts. Frankfurt a. M. 1967 (edition suhrkamp)

Hosking, Geoffrey A., *The Russian Constitutional Experiment.* Government and Duma, 1907-1914. Canbridge 1973

Hough, Jersy F., *The Soviet Prefects: The Local Party Organs in Industrial Decision-making.* Cambridge, Mass., 1969

HSFK-Gruppe »Sozialistische Länder«, *Probleme der Analyse der sowjetischen Sicherheitspolitik.* Frankfurt a. M. 1973 (Forschungsbericht der Hessischen Stiftung Friedens- und Konfliktforschung 6, 1973)

Ignatowski, Pawel Artemjewitsch, *Die Bauernschaft und die Wirtschaftspolitik der Partei auf dem Land.* Berlin (DDR) 1974

Industrializacija SSSR (1926-1941). Dokumenty i materialy. 4 Bände, Moskva 1969-1973 = **Q**

Istorija SSSR s drevnejĭch vremen do našej dnej. 12 Bände, Moskva 1966 ff. = **G**

Ivnickij, N. A., *Klassovaja bor'ba v derevne i likvidacija kulačestva kak klassa (1929-1932 gg.)* Moskva 1972

Jahn, Egbert, Zur gesellschaftspolitischen Relevanz internationaler Zusammenarbeit. In: *Jahrbuch für Friedens- und Konfliktforschung,* III, 1973, S. 131-155

Jahn, Egbert, *Kommunismus – und was dann?* Zur Bürokratisierung und Militarisierung des Systems der Nationalstaaten. Reinbek 1974 (Rowohlt Taschenbuch)

Jasny, Naum, *The Socialized Agriculture of the USSR.* Plans and Performance. 2. Aufl., Stanford, Cal., 1967

Jasny, Naum, *Soviet Industrialization 1928-1952.* 2. Aufl., Chicago, London 1968

Keep, J. L. H., *The Rise of Social Democracy in Russia.* Oxford 1963

Kochan, Lionel, *Russia in Revolution 1890-1918.* Frogmore 1970 (Paladin Taschenbuch)

Kollektivizacija sel'skogo chozjajstva. Vašnejšie postanovlenija Kommunističeskogo partii i Sovetskogo pravitel'stva 1927-1935. Moskva 1957 = **Q**

Kormnow, J. F., *Spezialisierung und Kooperation der Produktion der RGW-Länder.* Berlin (DDR) 1974

Kosta, Jiří, *Sozialistische Planwirtschaft.* Theorie und Praxis. Opladen 1974

Kosta, Jiří; Meyer, Jan; Weber, Sibylle, *Warenproduktion im Sozialismus.* Überlegungen zur Theorie von Marx und zur Praxis in Osteuropa. Frankfurt a. M. 1973 (Fischer Taschenbuch)

KPSS o profsojuzach. Moskva 1974 = **Q**
KPSS v rezoljucijach i rešenijach s-ezdov, konferencij i plenumov CK, 1898-1971. 10 Bände, 8. Aufl., Moskva 1970-1973 = **Q**
Kritzman, Leo N., *Die heroische Periode der großen russischen Revolution.* Frankfurt a. M. 1971
Kulischer, J., Die kapitalistischen Unternehmer in Rußland (insbesondere die Bauern als Unternehmer) in den Anfangsstadien des Kapitalismus. In: *Archiv für Sozialwissenschaft und Sozialpolitik,* 65, 1931, S. 309-355
Kulturpolitik der Sowjetunion. Hrsg. von Oskar Anweiler und Karl-Heinz Ruffmann, Stuttgart 1973
Lane, David, *The End of Inequality?* Stratification under State Socialism. Harmondsworth 1971 (Pelican Taschenbuch)
Laqueur, Walter, *Mythos der Revolution.* Deutungen und Fehldeutungen der Sowjetgeschichte. Eine Studie. Frankfurt a. M. 1967
Laue, Theodore H. von, *Sergei Witte and the Industrialization of Russia.* New York, London 1963
Lehrbuch Politische Ökonomie – Sozialismus. Frankfurt a. M. 1972
Lel'cuk, V. S., *Socialističeskaja industrializacija SSSR i ee osveščenie v sovetskoj istoriografii.* Moskva 1975 = **H**
Lenin, Vladimir Il'ič, *Polnoe sobranie sočinenij.* 55 Bände, Moskva 1958-1965 (5. russ. Ausgabe) = **Q**
Lenin, W. I., *Sämtliche Werke* (nach der 2. russ. Ausgabe). Wien, Berlin 1927 ff. (gute Edition) = **Q**
Lenin, W. I., *Werke.* 40 Bände (nach der 4. russ. Ausgabe) und 2 Ergänzungsbände (nach der 5. russ. Ausgabe), Berlin (DDR) 1955-1971 = **Q**
Leninskij sbornik. Moskva, Leningrad 1924 ff. (bis 1975 38 Bände) = **Q**
Leo, Rita di, *Die Arbeiter und das sowjetische System.* Die Entwicklung von Klassenstrukturen und Klassenherrschaft in der UdSSR. München 1973
Lewin, Mosche, *Political Undercurrents in Soviet Economic Debates.* From Bukharin to the Modern Reformers. Princeton, N.J., 1974
Lewin, Mosche, *Russian Peasants and Soviet Power.* A Study of Collectivization. London 1968
Lewytzkyj, Borys, *Politische Opposition in der Sowjetunion* 1960-1972. Analyse und Dokumentation. München 1972 (dtv-Taschenbuch)
Liberman, Evsej G., *Methoden der Wirtschaftslenkung im Sozialismus.* Ein Versuch über die Stimulierung der gesellschaftlichen Produktion. Frankfurt a. M. 1974 (edition suhrkamp)

Linden, Carl A., *Krushchev and the Soviet Leädership 1957-1964*. Baltimore, Maryland, 1966

Die linke Opposition in der Sowjetunion. Texte von 1923 bis 1928.Hrsg. von Ulf Wolter, Berlin 1975 ff.

Ljapin, A.P., *Ökonomische Gesetzmäßigkeiten beim Übergang vom Sozialismus zum Kommunismus.* Berlin (DDR) 1972

Ljaščenko, P.I., *Istorija narodnogo chozjajstva SSSR.* 2 Bände, 4. Aufl., Moskva 1956

Lorenz, Richard, *Anfänge der bolschewistischen Industriepolitik.* Köln 1965

Lorenz, Richard, Ergebnisse und Perspektiven der Industrialisierung während der Neuen Ökonomischen Politik. In: *Jahrbücher für Geschichte Osteuropas,* N.F. 16, 1968, S. 212-231

Lorenz, Richard, *Sozialgeschichte der Sowjetunion.* I, 1917-1945. Frankfurt a.M. 1976 (edition suhrkamp) = **G**

Lorenz, Richard, Die Stagnation der sowjetischen Getreidewirtschaft zwischen 1927 und 1929. In: *Jahrbücher für Geschichte Osteuropas,* N.F. 18, 1970, S. 389-425

Luxemburg, Rosa, *Schriften zur Theorie der Spontaneität.* Hrsg. von Susanne Hillmann, Reinbek 1970 (Rowohlt Taschenbuch)

Malaško, A.M., *K voprosu ob oformlenie odnopartijnoj sistemy v SSSR.* Minsk 1969

Male, D.J., *Russian Peasant Organisation before Collectivization.* A Study of Commune and Gathering 1925-1930. London 1971

Marcuse, Herbert, *Die Gesellschaftslehre des sowjetischen Marxismus.* Neuwied, Berlin 1964 (2. Aufl. 1969)

Martow, J., *Geschichte der russischen Sozialdemokratie.* Mit einem Nachtrag von Th. Dan: Die Sozialdemokratie Rußlands nach dem Jahre 1908. Berlin 1926

Marx, K.; Engels, F.; Lenin, W.I., *Über die Partei der Arbeiterklasse.* Frankfurt a.M. 1974 (Taschenbuch)

Marxistisch-leninistische Staats- und Rechtstheorie. Lehrbuch. Berlin (DDR) 1975

Matthews, Mervyn, Class *and Society in Soviet Russia.* London 1972

McAuley, M., *Labour Disputes in Soviet Russia 1957-1965.* Oxford 1969

McKay, J.P., *Pioneers for Profit.* Foreign Entrepreneurship and Russian Industrialization 1885-1913. Chicago, London 1970

Medwedew, Roy A., *Die Wahrheit ist unsere Stärke.* Geschichte und Folgen des Stalinismus. Hrsg. von D. Joravsky und G. Haupt, Frankfurt a.M. 1973

Meissner, Boris, *Das Parteiprogramm der KPdSU 1903-1961*. 3. Aufl., Köln 1965

Meyer, Gert, Die Bekämpfung der Arbeitslosigkeit in Sowjetrußland (1917-1930). In: *Blätter für deutsche und internationale Politik*, 1975, H. 7, S. 795-811

Meyer, Gert, *Studien zur sozialökonomischen Entwicklung Sowjetrußlands 1921-1923*. Köln 1974

Miller, Margaret, *The Economic Development of Russia 1905-1914*. 2. Aufl., London 1967

Miller, Jack, *Life in Russia Today*. 2. Aufl., London, New York 1971

Narodnoe chozjajstvo SSSR 1922-1972 gg. Jubilejnyi statističeskij ežegodnik. Moskva 1972 = **S**

Narodnoe chozjajstvo SSSR za 1974 g. Statističeskij sbornik. Moskva 1975 = **S**

Nötzold, Jürgen, *Wirtschaftspolitische Alternativen der Entwicklung Rußlands in der Ära Witte und Stolypin*. Berlin 1966

Novaja ėkonomičeskaja politika. Voprosy teorii i istorii. Moskva 1974

Nove, Alec, *An Economic History of the U.S.S.R.* Harmondsworth 1972 (Pelican Taschenbuch) = **G**

Nove, Alec, *Stalinism and After*. London 1975

Osborn, Robert J., *The Evolution of Soviet Politics*. Homewood, Ill., 1974 = **G**

Osteuropa – Handbuch. Sowjetunion. Außenpolitik I, 1917-1955. Hrsg. von Dietrich Geyer, Köln, Wien 1972

Osteuropa-Handbuch. Sowjetunion. Das Wirtschaftssystem. Hrsg. von Werner Markert, Köln, Graz 1965

Parteitag, XXIV., der Kommunistischen Partei der Sowjetunion. 30. März–9. April 1971. Dokumente. Moskau 1971

Partija v period nastuplenija socializma po vsemu frontu. Sozdanie kolchoznogo stroja (1929-1932 gg). Dokumenty i materialy. Moskva 1961 = **Q**

Paschukanis, E., *Allgemeine Rechtslehre und Marxismus*. Versuch einer Kritik der juristischen Grundbegriffe. 3. Aufl., Frankfurt a.M. 1970

Pethybridge, Roger, *The Social Prelude to Stalinism*. New York 1974

Pietsch, Walter, *Revolution und Staat*. Institutionen als Träger der Macht in Sowjetrußland 1917-1922. Köln 1969

Ploss, Sidney I., *Conflict and Decision-making in Soviet Russia*. A Case Study of Agricultural Policy 1953-1963. Princeton, N.J., 1965

Pogudin, V.I., *Put' sovetskogo krest'janstva k socializmu*. Istoriografičeskij očerk. Moskva 1975 = **H**

Das politische und gesellschaftliche System der UdSSR. Ein Quellenband. Hrsg. von Gert Meyer, Köln 1976 = **Q, S**

Pollock, Friedrich, *Die planwirtschaftlichen Versuche in der Sowjetunion 1917-1927*. Frankfurt a.M. 1971

Preobraženskij, E., *Die Neue Ökonomik*. Berlin 1971

Probleme der internationalen Beziehungen. Hrsg. von Ekkehart Krippendorff, Frankfurt a.M. 1972 (edition suhrkamp)

Probleme des Sozialismus und der Übergangsgesellschaften. Hrsg. von Peter Hennicke, Frankfurt a.M. 1973 (edition suhrkamp)

Profsojuzy SSSR. Dokumenty i materialy. Moskva 1963 ff. (bis 1974 5 Bände) = **Q**

Promyšlennost' SSSR. Statističeskij sbornik. Moskva 1976 = **S**

Protokoly i stenografičeskie otčety s-ezdov i konferencij Kommunističeskoj partii Sovetskogo sojuza. Moskva 1956 ff. = **Q**

Radkey, Oliver, H., *The Agrarian Foes of Bolshevism*. Promise and Default of the Russian Socialist Revolutionaries February to October 1917. New York, London 1962

Raupach, Hans, *Geschichte der Sowjetwirtschaft*. Reinbek 1964 (Rowohlt Taschenbuch) = **G**

Raupach, Hans, *System der Sowjetwirtschaft*. Theorie und Praxis. Reinbek 1968 (Rowohlt Taschenbuch) = **G**

Reed, John, *Zehn Tage, die die Welt erschütterten*. Reinbek 1967 (Rowohlt Taschenbuch)

Rešenija partii i pravitel'stva po chozjajstvennym voprosam. Moskva 1967 ff. (bis 1976 10 Bände) = **Q**

RGW: Bilanz und Perspektiven. Berlin (DDR) 1975

Rigby, T.H., *Communist Party Membership in the USSR 1917-1967*. Princeton, N.J., 1967

Robinson, Geroid Tanquary, *Rural Russia under the Old Régime*. A History of the Landlord-Peasant World and a Proloque to the Peasant Revolution of 1917. 2. Aufl., Berkeley, Los Angeles 1969 (Paperback)

Rose, Günther, *Konvergenz der Systeme*. Legende und Wirklichkeit. Köln 1970

Russia and the Soviet Union. A Bibliographic Guide to Western-Language Publications. Ed. by P.L. Horeckij, Chicago, London 1965 = **B**

Die russische Arbeiteropposition. Die Gewerkschaften in der Revolution. Hrsg. von Gottfried Mergner, Reinbek 1972 (Rowohlt Taschenbuch)

Die russischen politischen Parteien von 1905 bis 1917. Ein Dokumentationsband. Hrsg. von Peter Scheibert, Darmstadt 1972

Die russische Revolution 1917. Von der Abdankung des Zaren bis zum

Staatsstreich der Bolschewiki. Hrsg. von Manfred Hellmann, 2. Aufl., München 1969 (dtv-Taschenbuch)
Rußland. Hrsg. und verfaßt von Carsten Goehrke, Manfred Hellmann, Richard Lorenz, Peter Scheibert, Frankfurt a.M. 1972 (Fischer Weltgeschichte 31) = **G**
Schapiro, Leonard, *Die Geschichte der Kommunistischen Partei der Sowjetunion.* Frankfurt a.M. 1962
Scheibert, Peter, *Die russische Agrarreform von 1861.* Ihre Probleme und der Stand ihrer Erforschung. Köln, Wien 1973
Schneider, Hubert Wilhelm, *Das sowjetische Außenhandelsmonopol 1920-1925.* Köln 1973
Sel'skoe chozjajstvo SSSR. Statističeskij sbornik. Moskva 1971 = **S**
Senjawski, S. L.; Telpuchowski, W. B., *Die Arbeiterklasse der UdSSR.* Berlin (DDR) 1974
S-ezdy Sovetov Sojuza SSR, sojuznych i avtonomnych sovetskich socialističeskich respublik. Sbornik dokumentach v 7 tomach (1917-1937 gg.). Moskva 1959 ff. = **Q**
Shahnazarov, G., *Socialist Democracy.* Aspects of Theory. Moscow 1974
Shanin, Teodor, *The Awkward Class.* Political Sociology of Peasantry in a Developing Society: Russia 1910-1925. Oxford 1972
Socialist Economics. Selected Readings. Ed. by Alec Nove and D.M. Nuti, Harmondsworth 1972 (Penguin Taschenbuch)
A Source Book for Russian History from Early Times to 1917. Senior ed. George Vernadsky, compiler Sergei Pushkarev, 3 vols., New Haven, London 1972 = **Q**
Sovetskaja Istoričeskaja Ėnciklopedija. 15 Bände, Moskva 1961-1974 = **N**
Sovetskij tyl v Velikoj Otečestvennoj vojne. Pod obščej red. P.N. Pospelova. 2 Bände. Moskva 1974
Soviet Government. A Selection of Official Documents on Internal Policies. Ed. by Mervyn Matthews, London 1974 = **Q**
Sovremennye buržuaznye teorii o slijanii kapitalizma i socializma. Kritičeskij analiz. Moskva 1970
Sowjetisches Arbeitsrecht. Köln 1974
Der Sowjetkommunismus. Dokumente. Hrsg. von Hans-Joachim Lieber und Karl-Heinz Ruffmann, 2 Bände, Köln, Berlin 1963-1964 = **Q**
Sowjetsystem und demokratische Gesellschaft. Eine vergleichende Enzyklopädie. Hrsg. von C.D. Kernig, 6 Bände, Freiburg i.Br., Basel, Wien 1966-1972 = **N**

Sowjetunion 1974/75. Innenpolitik, Wirtschaft, Außenpolitik. Analyse und Bilanz. Hrsg. vom Bundesinstitut für ostwissenschaftliche und internationale Studien, München, Wien 1975 = **G**

Soziologie in der Sowjetunion. Ausgewählte sowjetische Abhandlungen zu Problemen der sozialistischen Gesellschaft, hrsg. von René Ahlberg, Freiburg i. Br. 1969

Sozioökonomische Bedingungen der sowjetischen Außenpolitik. Hrsg. von Egbert Jahn, Frankfurt a. M., New York 1975

SSSR v cifrach v 1974 godu. Kratkij statističeskij sbornik. Moskva 1975 = **S**

Die Staatsordnung der Sowjetunion. Hrsg. von Herwig Roggemann, 2. Aufl., Berlin 1973

Stalin, I. V., *Sočinenija* (1901-1934). 13 Bände, Moskva 1946-1951 = **Q**

Stalin, I. V., *Sočinenija* (1934-1953). Ed. by Robert McNeal, 3 Bände, Stanford, Cal., 1967 = **Q**

Stalin, I. V., *Werke* (1901-1934). 13 Bände, Berlin (DDR) 1950-1955 = **Q**

Stalin, J.; Behrens, F.; Kuczynski, J., *Ökonomische Probleme des Sozialismus.* Frankfurt a. M. 1972

Stökl, Günther, *Russische Geschichte.* Von den Anfängen bis zur Gegenwart. Stuttgart 1962 (mit weiteren Auflagen) = **G**

Strana Sovetov za 50 let. Sbornik statističeskich materialov. Moskva 1967 = **S**

Strumilin, S. G., *Problema promyšlennogo kapitala v SSSR.* Moskva 1925

Stuart, R. C., *The Collective Farm in Soviet Agriculture.* Lexington, Mass., 1972

Stučka, Peter, *Die revolutionäre Rolle von Staat und Recht.* Frankfurt a. M. 1969

Sutton, Antony, C., *Western Technology and Soviet Economic Development.* 3 vols., Stanford, Cal., 1968-1973

Tarnovskij, K. N., *Sovetskaja istoriografija rossijskogo imperializma (1917-1962 gg.).* Moskva 1964 = **H**

Teckenberg, Wolfgang, Beteiligung der Arbeiter am Entscheidungsprozeß auf den unteren Verwaltungsebenen und Arbeitskonflikte in der UdSSR. In: *Kölner Zeitschrift für Soziologie und Sozialpsychologie,* 26, 1974, S. 400-438

Tinbergen, Jan, Kommt es zu einer Annäherung zwischen den kommunistischen und den freiheitlichen Wirtschaftsordnungen? In: *Hamburger Jahrbuch für Wirtschafts- und Gesellschaftspolitik,* 8, 1963, S. 11-20

Topornin, Boris Nikolajewitsch, *Das politische System des Sozialismus.* Berlin (DDR) 1974

Trifonov, I. Ja., *Likvidacija ėkspluatatorskich klassov v SSSR.* Moskva 1975

Trockij, L., *Sočinenija.* 13 Bände, Moskva 1925-1927 = **Q**

Trotzki, Leo, *Geschichte der russischen Revolution.* 3 Bände, Frankfurt a.M. 1973 (Fischer Taschenbuch) = **Q**

Trotzki, Leo, *Mein Leben.* Versuch einer Autobiographie. Frankfurt a.M. 1974 (Fischer Taschenbuch)

Trotzki, Leo, *Die permanente Revolution.* Frankfurt a.M. 1969 (Fischer Taschenbuch) = **Q**

Trotzki, Leo, *Schriften zur revolutionären Organisation.* Hrsg. von Hartmut Mehringer. Reinbek 1970 (Rowohlt Taschenbuch) = **Q**

Trotzki, Leo, *Stalin.* Eine Biographie. Hrsg. von Hartmut Mehringer, 2 Bände, Reinbek 1971 (Rowohlt Taschenbuch) = **Q**

Trotzki, Leo, *Verratene Revolution.* Frankfurt a.M. 1968 = **Q**

Trud v SSSR. Statističeskij sbornik. Moskva 1968 = **S**

UdSSR. Staat, Demokratie, Leitung. Dokumente. Hrsg. von Wolfgang Lungwitz, Berlin (DDR) 1975 = **Q**

UdSSR in Zahlen für 1974. Kurzes statistisches Handbuch. Moskau 1975 = **S**

Übergangsgesellschaft: Herrschaftsform und Praxis am Beispiel der Sowjetunion. Hrsg. von Peter W. Schulze, Frankfurt a. M. 1974 (Fischer Taschenbuch)

Ulam, Adam B., *Die Bolschewiki.* Vorgeschichte und Verlauf der kommunistischen Revolution in Rußland. Köln, Berlin 1967

Upravlenie narodnym chozjajstvom SSSR 1917-1940 gg. Sbornik dokumentov. Moskva 1968 = **Q**

Venturi, Franco, *Roots of Revolution.* A History of the Populist and Socialist Movements in Nineteenth Century Russia. 2. Aufl., London 1964

Vnešnaja torgovlja SSSR. Statističeskij sbornik 1918-1966 gg. Moskva 1967 = **S**

Vnešnaja torgovlja SSSR za 1974 g. Statističeskij sbornik. Moskva 1975 = **S**

Völkerrecht. Lehrbuch. 3 Teile, Berlin (DDR) 1973

Vogel, H.; Kontetzki, H.; Schütterle, P., *Betrieb und zentrale Planung in der UdSSR nach den Wirtschaftsreformen vom Herbst 1965.* München, Wien 1966

Wädekin, Karl-Eugen, *Die Bezahlung der Arbeit in der sowjetischen Landwirtschaft.* Berlin 1972

Wädekin, Karl-Eugen, *Führungskräfte im sowjetischen Dorf.* Berlin 1969

Wädekin, Karl-Eugen, *Privatproduzenten in der sowjetischen Landwirtschaft.* Köln 1967

Wädekin, Karl-Eugen, *Die sowjetischen Staatsgüter.* Expansion und Wandlungen des Sovchozsektors im Verhältnis zum Kolchozsektor von Stalins Tod bis heute. Wiesbaden 1969

Wädekin, Karl-Eugen, *Sozialistische Agrarpolitik in Osteuropa.* I, Von Marx bis zur Vollkollektivierung. Berlin 1974 = **G**

Wehler, Hans-Ulrich, *Modernisierungstheorien und Geschichte.* Göttingen 1975 (Kleine Vandenhoeck Reihe)

Who was who in the USSR. A biographic dictionary containing 5015 biographies of prominent Soviet historical personalities. Compiled by the Institute for the study of the USSR, Munich, ed. by Heinrich E. Schulz u. a., Metuchen, N. J., 1972 = **N**

Wirtschaft und Gesellschaft im vorrevolutionären Rußland. Hrsg. von Dietrich Geyer, Köln 1975

Die Wirtschaftsordnungen Osteuropas im Wandel. Ergebnisse und Probleme der Wirtschaftsreformen. Hrsg. von Hans-Hermann Höhmann, Michael Ch. Kaser und Karl C. Thalheim, 2 Bände, Freiburg i. Br. 1972

Wirtschaftsplanung im Ostblock. Beginn einer Liberalisierung? Hrsg. von Erik Boettcher, Stuttgart etc. 1966

Wosnessenskij, N., *Die Kriegswirtschaft der Sowjetunion während des vaterländischen Krieges.* Berlin 1947

Zänker, Uwe, Polytechnische Erziehung in der UdSSR. In: *Das Argument,* 80, 1973, S. 68-83

Zänker, Uwe, Struktur und Aufgaben des sozialistischen Bildungssystems in der UdSSR. In: *Bildungsreform und technisch-sozialer Wandel in USA und UdSSR.* Hrsg. von der Marburger Forschungsstelle für Vergleichende Erziehungswissenschaft, Marburg 1973, S. 32-73 (wichtige Gesetze u. ä. S. 75-138)

Zaleski, Eugène, *Planning for Economic Growth in the Soviet Union, 1918-1932.* Chapel Hills 1971

Zaleski, E., *Planning Reforms in the Soviet Union 1962-1966.* An Analysis of Recent Trends in Economic Organization and Management. Chapel Hills 1967

II. Wichtige Zeitschriften

Cahiers du monde russe et soviétique
Gesellschaftswissenschaften
Istoričeskie zapiski
Istorija SSSR
Jahrbücher für Geschichte Osteuropas
Jahrbücher für Geschichte der sozialistischen Länder Europas
Kommunist
Osteuropa
Osteuropa – Recht
Osteuropa – Wirtschaft
Partijnaja žizn'
Planovoe chozjajstvo
Presse der Sowjetunion
Sel'skoe chozjajstvo
Slavic Review
The Slavonic and East European Review
Socialističeskij trud
Sovetskie profsojuzy
Sovetskoe gosudarstvo i pravo
Sovety deputatov trudjaščichsja
Soviet studies
Sowjetwissenschaft – Gesellschaftswissenschaftliche Beiträge
Sozialismus – Theorie und Praxis
Vestnik statistiki
Voprosy ėkonomiki
Voprosy istorii
Voprosy istorii KPSS

III. Register
(ohne Autorennamen)